T0030390

Conexión
Caracas-Moncloa

Conexión Caracas-Moncloa

Plus Ultra y Delcygate: las oscuras relaciones
del Gobierno de Pedro Sánchez
con el chavismo de Venezuela

Álvaro Nieto

Papel certificado por el Forest Stewardship Council®

MIXTO
Papel procedente de
fuentes responsables
FSC® C117695

Penguin
Random House
Grupo Editorial

Primera edición: febrero de 2022
Primera reimpresión: febrero de 2022

© 2022, Álvaro Nieto
© 2022, Penguin Random House Grupo Editorial, S. A. U.
Travessera de Gràcia, 47-49. 08021 Barcelona

Penguin Random House Grupo Editorial apoya la protección del *copyright*.
El *copyright* estimula la creatividad, defiende la diversidad en el ámbito de las ideas y el conocimiento,
promueve la libre expresión y favorece una cultura viva. Gracias por comprar una edición autorizada
de este libro y por respetar las leyes del *copyright* al no reproducir, escanear ni distribuir ninguna
parte de esta obra por ningún medio sin permiso. Al hacerlo está respaldando a los autores
y permitiendo que PRHGE continúe publicando libros para todos los lectores.
Diríjase a CEDRO (Centro Español de Derechos Reprográficos, http://www.cedro.org)
si necesita fotocopiar o escanear algún fragmento de esta obra.

Printed in Spain – Impreso en España

ISBN: 978-84-666-7110-1
Depósito legal: B-18.818-2021

Compuesto en Llibresimes, S. L.

Impreso en Rodesa
Villatuerta (Navarra)

BS 7 1 1 0 1

Para Vanessa, Luca y Luna

ÍNDICE

La mejor manera de predecir el futuro es creándolo.

PETER DRUCKER

Sólo es posible avanzar cuando miras lejos.

JOSÉ ORTEGA Y GASSET

ACLARACIÓN

Este libro tiene como objetivo desbrozar las oscuras relaciones entre el Gobierno de Pedro Sánchez y el régimen chavista de Venezuela. La mayor parte de la información contenida en las próximas páginas toma como punto de partida las noticias que entre 2019 y 2021 publicó el periódico digital español *Vozpópuli*, del que fui director hasta el 15 de abril de ese último año, y que fue el medio que destapó el Delcygate, el caso Neurona y el escándalo Plus Ultra, además de hacer importantes aportaciones en el caso Morodo. Sirvan pues estas páginas de reconocimiento a la labor de los periodistas Alejandro Requeijo, Antonio Rodríguez, Gabriel Sanz, Alberto Sierra y Alberto Sanz en el Delcygate; Beatriz Triguero y Joaquín Hernández en el Plus Ultra; Luca Costantini en el caso Neurona; y Liliana Ochoa y Tono Calleja en el caso Morodo. La mayoría de ellos ya no siguen en *Vozpópuli*, lamentablemente, pero para la historia del periodismo español quedará su extraordinario trabajo durante esos dos años. Fue un honor haber dirigido a semejante grupo de galácticos gracias a la propuesta que en su día me hizo Jesús Cacho, fundador del periódico y uno de nuestros maestros.

Aparte de las informaciones publicadas y de las vivencias experimentadas en torno a ellas, para la elaboración de este libro he entrevistado a algunos de los personajes clave en los hechos relatados, de ahí que en las próximas páginas se incluyan datos hasta ahora desconocidos. En general, he tratado de escribir de la forma más aséptica posible, pero los capítulos sobre cómo descubrimos el Delcygate y el Plus Ultra he preferido, excepcionalmente, contarlos en primera persona para que la narración sea más amena.

Madrid, verano de 2021

INTRODUCCIÓN

VENEZUELA, DE LA RIQUEZA A LA MISERIA

El caso de Venezuela representa una de esas inmensas paradojas que a veces suceden en la historia. Es un país rico en recursos naturales, con las mayores reservas de petróleo del mundo, y, sin embargo, lejos de nadar en la abundancia, palidece como consecuencia de una conjunción de males.

En la actualidad, Venezuela se ha convertido en uno de los peores lugares para vivir de toda Latinoamérica, y la prueba de ello es el éxodo que han emprendido en los últimos años cientos de miles de venezolanos, que han preferido dejar atrás sus vidas, sus pertenencias y sus raíces para intentar buscar un futuro mejor.

Los más afortunados, por tener dinero u otro pasaporte, han podido salir en avión e iniciar una nueva vida en otro continente. Los demás se han visto obligados a abandonar a pie la miseria y la escasez, cruzando las fronteras para acabar en países como Colombia, Ecuador o Panamá.

Es imposible saber con claridad cuántos venezolanos han abandonado su hogar en los últimos años, pero ACNUR, la agencia de las Naciones Unidas especializada en movimientos migratorios, sitúa en 5,9 millones la cifra de personas que viven fuera de Venezuela, lo cual representa en torno al 18 % del total de la población del país y supone un caso único en el mundo. Según las cifras oficiales de España, en 2020 la llegada de venezolanos se incrementó un 53 %, hasta alcanzar las 152.000 personas. Sin embargo, esos datos solo incluyen a los inmigrantes que se encuentran registrados oficialmente con documentación venezolana. La cifra real es mucho mayor, porque son miles los que se han instalado en Europa aprovechando que cuentan con un pasaporte del espacio Schengen gracias a sus antepasados europeos. Por ese motivo, el número de venezolanos en España podría estar por encima de los 350.000. Y basta salir a la calle en algunas grandes ciudades para comprobarlo.

A España han llegado todo tipo de venezolanos. Los más humildes se han puesto a trabajar de lo que sea, con frecuencia ocupando esas tareas que los españoles ya no quieren (repartidores, limpiadores, dependientes...). Luego hay una gran masa de profesionales, bien cualificados, que se van abriendo paso con dificultad y que, muchas veces, acaban emprendiendo sus propios negocios, y ahí están los innumerables comercios *made in Venezuela*, desde restaurantes hasta panaderías. Y finalmente están los ricos, que siempre han tenido casa en España pero que han terminado por instalarse aquí porque, como es obvio, en su país cada vez es más difícil la vida.

Entre los venezolanos ricos llegados a España hay dos categorías: los que han obtenido su dinero por medios ilícitos, con frecuencia gracias a su vinculación al chavismo, y los que lo son por méritos propios o de sus antepasados. A veces es difícil diferenciar quién es quién, pero lo cierto es que todos han decidido invertir una parte de su fortuna aquí, lo que ha provocado, por ejemplo, un *boom* inmobiliario en algunas de las zonas más elegantes de Madrid, como el famoso barrio de Salamanca.

Los venezolanos han encontrado en España un país muy parecido al que ellos tenían en los años setenta del siglo pasado, cuando se hablaba a las claras de la «Venezuela saudita». Era el primer mandato presidencial de Carlos Andrés Pérez (1974-1979) y el país sacó el máximo provecho a la crisis internacional del petróleo, beneficiándose como nadie de la escasez de crudo y de sus precios disparatados.

Venezuela disfrutaba de una democracia estable desde 1958 y nadaba en oro negro. Ese esplendor se palpaba en las calles, con infraestructuras modernas, muchas de ellas heredadas de la etapa del dictador Marcos Pérez Jiménez (1952-1958). A diferencia de otros países de la zona, una importante clase media se fue consolidando, lo que permitió extender la educación e incluso enviar a estudiar al extranjero, principalmente a Estados Unidos, a cientos de miles de jóvenes.

Pero luego llegó la resaca. Los precios del crudo se fueron moderando y Venezuela entró en una lenta decadencia que culminó a finales de los años ochenta con una gran crisis económica. Fue entonces cuando los venezolanos decidieron volver a echarse en brazos del hombre del milagro, Carlos Andrés Pérez, al que reeligieron como presidente a finales de 1988. A Pérez le tocó esta vez bailar con la más fea, y no salió bien parado. Emprendió un plan de ajuste draconiano para enderezar las cuentas del país, pero no calculó que subir el precio de la gasolina y de los servicios públicos iba a envalentonar a buena parte de la población, sobre todo a las capas más humildes, que habían ido creciendo durante los años anteriores.

Ese inmenso malestar se tradujo en 1989 en una ola de disturbios, conocidos como «el caracazo», que fue duramente reprimida y dejó oficialmente 276 muertos, aunque algunas fuentes elevan mucho más esa cifra. Al descontento social y a la crisis económica se sumó la galopante corrupción de los partidos políticos tradicionales, con escándalos de todo tipo que pusieron de manifiesto los pocos escrúpulos de algunos dirigentes. Ese clima provocó que en 1992 se organizasen dos golpes de Estado contra Pérez, uno de ellos liderado por el oficial Hugo Chávez, si bien la caída del presidente venezolano no se produciría hasta un año más tarde como consecuencia de un proceso judicial por haber malversado 17 millones de dólares.

Tras la marcha de Pérez, se acentuó la paulatina decadencia del sistema y el país entró en una espiral perversa de la que terminó saliendo en 1998 al echarse en brazos del populista Chávez, que había sido indultado tras pasar dos años en la cárcel y arrasó en las elecciones presidenciales con el 56 % de los votos. En ese momento,

Chávez fue apoyado por buena parte de los medios de comunicación y por amplios sectores de la clase media, que creían necesario castigar a los partidos tradicionales y pasar página.

Sin embargo, Chávez enseñó pronto sus verdaderas intenciones. Cambió de inmediato la Constitución del país y emprendió el camino hacia un régimen autoritario donde él controlaría los principales resortes del poder, aunque cada cierto tiempo se celebrasen elecciones. En un principio, se vio beneficiado por la coyuntura económica, pero la crisis financiera internacional desatada a partir de 2007 dejó a la vista todas las costuras de su sistema.

Chávez emprendió una oleada de nacionalizaciones y tomó el control de PDVSA, la compañía estatal encargada de explotar el petróleo y que siempre se había gestionado con estándares privados. Arrasó con toda su cúpula y con los ingenieros que sabían extraer el crudo para colocar a enchufados sin formación alguna, lo que terminó por provocar que, poco a poco, Venezuela fuera produciendo cada vez menos petróleo hasta el punto de que, a pesar de ser el país con mayores reservas, actualmente solo ocupa el 26.º lugar entre todos los productores del mundo, con apenas 500.000 barriles al día. Teniendo en cuenta que el

96 % de las exportaciones venezolanas tienen que ver con el petróleo, es fácil imaginar el impacto de la debacle.

En marzo de 2013 muere Hugo Chávez y le sucede su vicepresidente, Nicolás Maduro, un exmaquinista del metro de Caracas sin estudios superiores y que carece de dos de las principales virtudes de su antecesor: la oratoria y el carisma.

La etapa de Maduro es pura decadencia. Dos medidas impulsadas por Chávez, las nacionalizaciones y el control de cambio, acaban llevando el país a la ruina. La inflación se dispara y la limitación del precio de algunos productos básicos provoca la falta de alimentos, porque a los pocos empresarios que quedan en el país no les sale a cuenta producirlos. La escasez y la carencia de trabajo multiplican la delincuencia, que ya era muy alta, y convierten Venezuela en uno de los países más inseguros del mundo, por lo que también se desploma el turismo, que había sido uno de los sectores más pujantes en el pasado. En paralelo, Maduro va consolidando su poder absoluto, controlando la Justicia y utilizándola para castigar a la prensa y a la oposición.

Todo este caldo de cultivo deriva en la victoria de la oposición en las elecciones parlamentarias de 2015, y el país entra en una extraña dinámica en la que el chavismo lo controla todo menos la Asamblea Nacional, a la que progresivamente se va limitando su poder. Para sortear ese escollo, Maduro crea una Asamblea Nacional Constituyente, una cámara paralela llena de fieles, y acaba celebrando unas elecciones presidenciales en 2018 plagadas de irregularidades y con los líderes de la oposición encarcelados o en el exilio.

Como resultado de todo ello, la oposición decide el 10 de enero de 2019 proclamar como «presidente encargado» a Juan Guaidó, que rápidamente es reconocido por cincuenta países, entre ellos las principales potencias democráticas, que no admiten como válidos los resultados de las presidenciales. En los primeros momentos, muchos ven con optimismo la llegada de Guaidó, pero con el paso de los meses la situación se encalla y el país sigue viviendo con dos presidentes, si bien todo el poder está en manos de Maduro, que ya solo gobierna a golpe de decreto. En el momento en que termina de escribirse este libro, Gobierno y oposición permanecen sentados en una mesa por enésima vez para intentar buscar una solución, que podría ser la convocatoria de unas elecciones libres y democráticas.

La posición de Maduro es cada vez más débil, entre otras cosas porque no todo su partido lo respeta y ha tenido que repartir el poder para preservar su puesto. La figura del vicepresidente del Partido Socialista Unido de Venezuela (PSUV), Diosdado Cabello, siempre sobrevuela como posible alternativa y es en la práctica el número dos del régimen. De hecho, cuando muere Chávez hay una pelea soterrada entre Maduro y Cabello para ver quién hereda el trono, ya que el segundo era por entonces presidente de la Asamblea Nacional. Cabello es uno de los hombres más poderosos de Venezuela y Estados Unidos siempre le ha señalado como figura clave en la corrupción y la represión del régimen chavista.

Otro de los personajes destacados de la autocracia venezolana es Jorge Rodríguez, actual presidente de la Asamblea y hermano de Delcy Rodríguez, vicepresidenta del país. A diferencia de Cabello, los hermanos Rodríguez sí mantienen una buena relación con Maduro y con su mujer, Cilia Flores, que también ejerce un enorme poder en la sombra.

Todos ellos pertenecen a la cúpula del chavismo y están sancionados por Estados Unidos y la Unión Europea por las graves vulneraciones de los derechos humanos que se están produciendo en Venezuela en los últimos tiempos. Eso significa que tienen congelados sus bienes y activos y que ninguno de ellos puede pisar esos territorios.

1

ASÍ DESTAPAMOS EL DELCYGATE

Enero de 2020 fue un mes convulso en España. Después de dos elecciones generales seguidas, Pedro Sánchez (PSOE) había conseguido por fin un acuerdo con Pablo Iglesias (Podemos) y juntos se dispusieron a buscar la mayoría parlamentaria necesaria para conseguir la investidura. Pactaron con todos los partidos nacionalistas e independentistas con representación en el Congreso de los Diputados en plenas navidades, tratando de minimizar el escándalo mediático de algunos de esos acuerdos, y finalmente forzaron la máquina para que el debate de investidura se celebrase los días 4 y 7 de enero, algo completamente inédito, sobre todo teniendo en cuenta que el primer mes del año es inhábil en el Parlamento español.

Una vez superado, no sin algo de suspense, el trámite de la investidura (167 votos a favor, 165 en contra y 18 abstenciones), los primeros días del nuevo Gobierno fueron especialmente agitados. De hecho, ya el discurso de Sánchez en la Cámara Baja había causado una honda polémica al anunciar, en referencia a Cataluña, que su objetivo era «desjudicializar el conflicto político catalán». Y, quizá como primer paso de su estrategia, el presidente del Gobierno anunció a las pocas horas el nombramiento de su hasta entonces ministra de Justicia, Dolores Delgado, como nueva fiscal general del Estado. Días más tarde, Sánchez reveló también su intención de cambiar el Código Penal para rebajar las penas del delito de sedición, el que había servido al Tribunal Supremo para condenar a los líderes del denominado *procés* independentista, a pesar de que esa medida no iba en su programa electoral ni en el pacto suscrito con Podemos.

De todo eso se hablaba en España cuando el jueves 23 de enero de 2020, a las 18.29 horas, el diario digital *Vozpópuli* publicó a toda plana que el ministro de Transportes y número tres del Partido Socialista (PSOE), José Luis Ábalos, se había reunido el domingo anterior de madrugada y dentro de un avión con la vicepresidenta de Venezuela, Delcy Rodríguez. La noticia, firmada por los periodistas Antonio Rodríguez y Alejandro Requeijo, desgranaba todo tipo de detalles sobre ese encuentro y, en otro artículo anexo, se explicaba la gravedad de la cita: Rodríguez tenía prohibido pisar suelo europeo al estar sancionada por la Unión Europea por «violaciones graves de los derechos humanos» en su país. Por ello, el periódico reclamaba, en un editorial publicado al mismo tiempo, las explicaciones inmediatas del ministro Ábalos.

La historia de esa gran exclusiva periodística comienza unos días antes. En concreto, el lunes 20, a la mañana siguiente de la famosa reunión en el aeropuerto Adolfo Suárez Madrid-Barajas. Ese día a Antonio le empiezan a llegar informaciones que apuntan en la misma dirección: Delcy Rodríguez podría encontrarse ilegalmente en España. Antonio llama al Ministerio de Exteriores para intentar confirmar la noticia, pero se la niegan tajantemente.

Al día siguiente, martes 21, el consultor Lorenzo Bernaldo de Quirós escribe a las 09.05 horas un misterioso mensaje en la red social Twitter: «¿Qué hace en Madrid de semiincógnito la vicepresidenta de Venezuela reuniéndose con el Gobierno? ¿Tendrá algo que ver con los "líos" de Podemos en los países de la zona?». Entre las respuestas de los tuiteros a Bernaldo de Quirós, varios aseguran que Rodríguez está en Madrid porque va a visitar la Feria Internacional del Turismo (Fitur), que se celebra esos días en la capital de España, y que también ha llegado para convencer a Sánchez de que no reciba a Juan Guaidó, que esa misma semana realiza una gira europea tras proclamarse «presidente encargado de Venezuela» frente al chavista Nicolás Maduro.

Jesús Cacho, editor de *Vozpópuli*, ve enseguida el tuit de Bernaldo de Quirós y se lo envía a Antonio Sanchidrián, el redactor jefe de Nacional. Cuando llego esa mañana a la redacción, Cacho me habla del tuit y me insiste en que lo investiguemos. No es el único. Ese mismo día varias personas me reenvían el mensaje de Bernaldo de Quirós y una fuente me añade: «Miradlo bien, está bien tirado».

Cuando pido que se investigue, y para mi tranquilidad, Sanchidrián me informa de que el asunto ya lo está abordando Antonio desde el día anterior. Los rumores son muy intensos. De hecho, en otro tuit posterior el propio Bernaldo de Quirós asegura que Delcy Rodríguez se ha reunido en Madrid con la ministra de Exteriores, Arancha González Laya, pero Antonio vuelve a llamar a Exteriores y la respuesta del Gobierno sigue siendo negativa. A lo máximo que llegamos ese día es a confirmar que el ministro de Turismo de Venezuela, Félix Plasencia, se encuentra en España para visitar Fitur.

Pero el miércoles 22 la historia da un giro importante. Antonio consigue avanzar en sus pesquisas y una fuente le sopla que Plasencia se vio el lunes con Ábalos en su despacho del Ministerio de Transportes. La reunión, de la que el Gobierno no había informado (ni siquiera estaba en la agenda del ministro), tenía su morbo, pues significaba el primer contacto ministerial entre el Ejecutivo de Sánchez y el Gobierno de Maduro. Antonio llama al ministerio para confirmar la cita y, tras un desmentido inicial, el jefe de prensa de Ábalos no tiene más remedio que admitir el encuentro, puesto que hemos conseguido hasta una fotografía que el propio Plasencia se había hecho como recuerdo. Tras confirmar la reunión, la pregunta es obvia: ¿qué hacía un ministro de Turismo de un país extranjero en el despacho del titular de Transportes sin que la cita estuviera prevista de antemano ni figurase en la agenda oficial? Según nos indican en ese momento desde el ministerio, se trataba de una reunión de dos viejos amigos, un asunto privado.

A las cinco de la tarde de ese miércoles, en la habitual reunión del periódico para preparar la portada del día siguiente, Antonio nos cuenta todos los pormenores de esta noticia y decidimos abrir con ella la edición del jueves. También nos dice que una de sus fuentes le asegura que Delcy ha estado en Madrid y que ha habido una reunión de madrugada con Ábalos en el aeropuerto de Barajas. Todos ponemos cara de incredulidad; aquello suena a película de espías. Pero Cacho, que ese día asiste a la reunión, insiste en que hay que seguir trabajando para confirmar la noticia: «No nos detengamos por muy extraño que nos parezca, estos tíos son capaces de cualquier cosa».

Esa tarde tengo claro que estamos ante una gran historia, pero también que con el testimonio de una sola fuente, y con el desmentido oficial del ministerio, no podemos tirarnos a la piscina y publicar que Delcy ha estado en España. Hay que buscar más pruebas. Le pido a Antonio que siga investigando por su lado, pero también llamo por teléfono a otros dos periodistas para que hagan sus propias pesquisas: Gabriel Sanz y Alejandro Requeijo. El primero tiene buenas fuentes en el Gobierno y el segundo, en la Policía, así que comienzan a tirar cañas para ver si pescan algo. Además, y dado que el encargado de prensa de Ábalos sigue negando la reunión en Barajas, a las 19.05 horas le pongo un wasap al ministro: «Tenemos entre manos una información que te afecta directamente y me gustaría poder verificarla contigo. ¿Podríamos hablar?». Ábalos no responde a mi mensaje. Le llamo unos minutos más tarde, pero tampoco contesta.

El jueves 23 por la mañana, nada más ver la portada de *Vozpópuli* que desvelaba la reunión «secreta» con Plasencia, una de las fuentes de Alejandro contacta con él: «Ábalos también estuvo con Delcy en Barajas el domingo por la noche». Requeijo y su informante comienzan a chatear a través de una aplicación informática que borra automáticamente los mensajes a los pocos segundos para evitar que quede rastro de la conversación. La fuente da detalles muy concretos sobre la reunión. Al parecer, el ministro español llegó al aeropuerto a medianoche, subió a un avión privado procedente de Caracas, permaneció dentro bastantes minutos, después bajaron todos, se fueron hacia la terminal y, tras una nueva conversación, abandonó el aeropuerto. Delcy cogió otro vuelo a la mañana siguiente.

Requeijo informa inmediatamente a su jefe directo, Sanchidrián, y este contacta conmigo. Son apenas las nueve de la mañana y decido llamar a Alejandro para conocer más detalles. Me cuenta lo que tiene y le digo que comience a escribir un posible artículo. Acto seguido, convoco a las 13.00 horas en la redacción a los tres reporteros implicados en el operativo. A lo largo de la mañana, Gabi Sanz también consigue confirmar la reunión por su lado. Cuando nos vemos en mi despacho al mediodía, todos constatamos que tenemos atada la historia: tres periodistas diferentes han conseguido a través de tres fuentes distintas corroborar la noticia. Es lo que los viejos libros de Periodismo aconsejaban antes de publicar nada, pero que hoy en día suele ser casi imposible de conseguir. En ese momento encargo que se escriban tres artículos: uno contando los hechos, otro explicando que Delcy tenía prohibido pisar suelo europeo y un tercero con un perfil sobre ella, relatando quién es exactamente. Además, decido escribir un editorial para pedir explicaciones al ministro. La idea es publicar toda la munición en cuanto esté lista. No obstante, le insisto a Antonio que siga llamando al Gobierno para recabar su versión.

En esa reunión también se pone sobre la mesa una foto que su fuente le ha enviado a Gabi. No es especialmente buena porque solo se ve el supuesto avión de Delcy, de noche en una pista de un aeropuerto. Pero ni se puede ver con claridad la matrícula de la nave ni está claro que el lugar sea Barajas, así que decido no publicar la fotografía. Prefiero no jugármela si no estamos seguros. No podemos cometer errores en un asunto tan delicado.

Al mediodía me quedo en mi despacho elaborando el editorial. Se titula «Urgen explicaciones» y comienza así: «Cuando un ministro de un gobierno democrático mantiene una reunión de hora y media dentro de un avión y en plena madrugada con la mano derecha de un sátrapa, nada bueno puede estar pasando». El texto es duro, pero me limito a pedir una aclaración inmediata al ministro Ábalos. Dejo abierta la puerta de que pueda haber una razón que justifique el encuentro, pero apunto a que la reunión coincide con la investigación judicial que se sigue en España por las supuestas comisiones ilegales cobradas por un exembajador español en Caracas (Raúl Morodo), las informaciones que relacionan a Podemos con una posible financiación irregular desde Venezuela y Bolivia y la decisión de Sánchez de finalmente no recibir a Guaidó.

A las seis de la tarde tenemos listos los cuatro textos. Saldremos con todo a la vez, editorial incluido. Pasamos las noticias a la mesa de edición para que las revisen y le pido a Antonio que haga un último intento con el jefe de prensa de Transportes: «Llama, cuéntale lo que vamos a publicar y pídele su versión, no podemos salir sin una explicación oficial». La llamada la hace delante de mí. Y la conversación es muy corta. Le dicen que todo es falso y que nos vamos a equivocar gravemente si lo publicamos. Le insisto a Antonio que recoja ese desmentido al comienzo del texto principal, es nuestro deber.

Alguna vez me han preguntado cómo es posible que yo autorizase la publicación de la noticia si recibí una negativa tan contundente por parte del Gobierno. Hace veinte años quizá no lo habría hecho, pero hoy en día los políticos y sus jefes de prensa mienten más que hablan y, por tanto, en los medios de comunicación españoles estamos habituados a no hacer mucho caso a determinados personajes si tenemos la noticia bien atada por otras vías. Reconozco que es muy lamentable que eso sea así, porque lo decente sería que si un periodista llama a un ministerio preguntando si Ábalos se ha reunido con Delcy, su jefe de prensa no tenga más remedio que reconocer la noticia, que para eso le pagamos todos el salario. Antiguamente, cuando un portavoz no quería engañar, se limitaba a responder al periodista «sin comentarios», y tú ya veías si tirabas para delante con la noticia o intentabas seguir atándola. Ahora, en vez de decir *no comment*, los portavoces de turno, ya sean políticos o empresariales, no dudan ni un segundo en mentir para intentar evitar la publicación de una noticia molesta. Pero los periodistas ya estamos muy acostumbrados a este tipo de maniobras y cuando consideramos que nuestras fuentes son buenas, aunque sean extraoficiales, publicamos. Como es obvio, si hubiéramos hecho caso al portavoz de Ábalos, nunca nos hubiésemos enterado de la reunión de Barajas. Pero teníamos tres fuentes distintas, detalles minuciosos de los hechos e incluso una foto que decidimos no sacar. Así que no había duda al respecto.

Todos los que sabíamos lo que íbamos a publicar esa tarde nos fuimos arremolinando de pie alrededor de la mesa de edición para darle los últimos toques a las piezas. Di las instrucciones correspondientes para los titulares de portada. El resto de la redacción sospechaba que algo importante estaba pasando, pero nadie preguntaba nada porque se sobreentendía que había que ser discretos. Cuando todo estaba listo para publicar, me volví hacia Alejandro Requeijo y le pregunté por última vez: «¿Estás seguro de que todo esto es verdad?». Y él, con la tranquilidad que le caracteriza, mirándome fijamente a los ojos y sin dudar ni un segundo, me respondió: «Sí». Y si Requeijo, que es el periodista más prudente y riguroso que conozco, me aseguraba con tal naturalidad que estábamos en lo cierto, no había ninguna duda: «¡Publica!», pedí al jefe de la mesa de edición. A continuación, solicité en voz alta a todos los periodistas presentes que actualizasen la portada en sus ordenadores y que mirasen la alerta que acabábamos de enviar a los teléfonos móviles. Y, de pronto, todo el mundo empezó a aplaudir. La ovación fue muy emocionante. Seguramente haya sido uno de los mejores momentos de mi carrera profesional.

Pero, curiosamente, los siguientes minutos fueron terroríficos. Se hizo el silencio. Ni el Gobierno se daba por aludido ni el resto de los medios entraban al trapo y se hacían eco de nuestra noticia. Aquellos momentos se nos hicieron eternos. ¿Habríamos errado? ¿Qué estaba pasando?

Los primeros medios en recoger nuestra exclusiva se limitaron a citarnos y, a lo sumo, a incluir el desmentido de Ábalos. El ministro estaba convencido de que había que seguir negando los hechos, por eso desde su equipo empezaron a rechazar la información a todo aquel que les llamaba. Pero en Moncloa no lo veían de igual manera. Creían que esa noche en el aeropuerto hubo más testigos de los deseados y que perfectamente alguno pudo llegar a hacer una fotografía. Ante el temor de que *Vozpópuli* se hubiera guardado pruebas más contundentes para el día siguiente, desde la Presidencia del Gobierno se decidió que había que confirmar oficialmente que Ábalos estuvo en Barajas, pero puntualizando que en realidad fue a recibir a su «gran amigo» el ministro de Turismo de Venezuela.

Minutos antes de las nueve de la noche, desde la Secretaría de Estado de Comunicación, dependiente de Sánchez, hablaron con Televisión Española para que en el *Telediario* se diera la noticia. Deprisa y corriendo, un equipo de los servicios informativos montó una pieza que decía que Moncloa había confirmado los hechos e incluía unas oportunas declaraciones de Ábalos realizadas esa tarde en Córdoba a propósito de nuestra noticia sobre su reunión con Plasencia en el ministerio: «Me preguntan si yo me he reunido con uno de Venezuela, lo cual es un tema importantísimo, ¿verdad? Pero no vamos a entrar en eso». El vídeo se emitió a las 21.32 horas.

La noticia del *Telediario* rompía por fin las tres horas de tensión desde la publicación de la exclusiva. Para nosotros era muy importante que el Gobierno confirmase que Ábalos había estado en el aeropuerto esa noche. Confieso que yo siempre tuve miedo a que de repente nos pudieran sacar una foto del ministro cenando en Valencia ese domingo, lo cual hubiera tumbado por completo nuestra historia. Pero era evidente que lo teníamos todo demasiado bien atado. Si Moncloa aseguraba que Ábalos había estado en Barajas, estaba claro que nuestras fuentes decían la verdad, por mucho que el Gobierno tratara de adornarlo argumentando que en realidad fue a ver a un amigo y que se encontró con Delcy de forma fortuita. Por consiguiente, tras el *Telediario* el resto de los medios se vieron obligados a corregir sus primeras informaciones y empezaron a dejar de lado el desmentido inicial de Ábalos.

Una vez confirmada la parte esencial de la noticia, la extraña presencia de un ministro de madrugada en un aeropuerto, nuestros teléfonos sí empezaron a echar humo. Y, lógicamente, se dispararon los rumores. No fueron pocos los que nos aseguraron esa noche que Delcy había salido del aeropuerto y que había dormido en Madrid. Algunos incluso apuntaban a un hotel, el AC Santo Mauro, y otros señalaban a un supuesto piso del Centro Nacional de Inteligencia (CNI) cercano al aeropuerto.

Estuvimos buena parte de la noche tratando de comprobar si Delcy había dormido en Madrid ese domingo, porque lo que sí teníamos seguro es que se había marchado al día siguiente en otro vuelo desde Barajas. Ante la fuerza de los rumores, yo mismo llamé al propietario del Santo Mauro, Antonio Catalán, para preguntarle directamente por ese extremo. Pero no logramos ninguna evidencia de ello. Nuestras fuentes apuntaban más bien a que la vicepresidenta venezolana había permanecido en el aeropuerto toda la noche.

El escándalo fue corriendo como la pólvora. Las agencias internacionales de información se hicieron eco y la noticia llegó a estar en la portada digital del diario estadounidense *The New York Times*. El tema no era menor y tenía una clara repercusión global, pues suponía un primer gesto amistoso de un Gobierno democrático con el régimen de Maduro a pesar de la línea de firmeza que tanto la Unión Europea como Estados Unidos habían seguido en los últimos tiempos con Venezuela.

A la mañana siguiente, día 24, la inmensa mayoría de las tertulias radiofónicas debatieron sobre la gran primicia de *Vozpópuli*, pero el Gobierno, experto en maniobras de distracción, anunció al mediodía dos supuestos casos de coronavirus aparecidos en nuestro país, lo que permitió que los programas televisivos de esa hora se centrasen en la incipiente COVID-19 en vez de en el ministro Ábalos. Curiosamente, en ningún momento se llegó a informar por parte de las autoridades sobre el lugar donde se habían producido esos contagios ni quiénes eran los infectados.

Durante los días posteriores al *scoop*, *Vozpópuli* siguió publicando importantes revelaciones sobre lo que acabó llamándose el «Delcygate» gracias al feliz hallazgo del periodista Ignacio Camacho, que fue el primero en utilizar ese término en una de sus columnas de *ABC*. Así pues, esos días también contamos que Delcy Rodríguez entró en España sin que nadie le sellara el pasaporte, que recorrió libremente los ocho kilómetros que separan la terminal ejecutiva de la T-4 y que, finalmente, se le permitió tomar un vuelo a Doha (Catar) a media mañana del lunes en lugar de deportarla a su lugar de origen, que es lo que la normativa europea exige para los casos en los que alguien sancionado trate de entrar en suelo comunitario.

También desvelamos que Ábalos no se trasladó aquella noche al aeropuerto en su vehículo oficial, sino en el coche privado de Koldo García, uno de sus colaboradores más cercanos y a quien el ministro había enchufado como consejero de la empresa pública Renfe Mercancías sin tener ninguna cualificación para ello, pues solo posee el graduado escolar.

Pero, sin lugar a dudas, la noticia que más impacto tuvo los días posteriores al Delcygate fue la que desvelaron el 14 de febrero Antonio Rodríguez y Alberto Sanz: «La embajada venezolana se llevó 40 maletas del avión de Delcy Rodríguez». La crónica publicada en *Vozpópuli*, plagada de detalles, no dejaba lugar a dudas. Y, a la mañana siguiente, completaron la información asegurando que esas cuarenta maletas no viajaron con Delcy a Doha ni regresaron al avión original, que se marchó vacío a Turquía. Ese mismo día, Nicolás Maduro comentó por primera vez el escándalo y aseguró que lo que hablaron Delcy y Ábalos dentro del avión era «secreto».

2

LAS MENTIRAS DE ÁBALOS

Uno de los grandes errores de Ábalos en la gestión de esta crisis fue el hecho de recurrir a la mentira sistemáticamente, de tal forma que conforme le íbamos pillando, él se veía obligado a inventar un embuste mayor. Primero mintió al negar la reunión cuando insistentemente le llamamos desde *Vozpópuli* para tratar de evitar que la noticia viera la luz. Pero luego, una vez publicada, entró en una espiral de mentiras imposible de sostener. Algunos medios acabamos haciendo, no sin cierta sorna, artículos específicos recopilando sus diferentes versiones sobre lo ocurrido.

La primera reacción de Ábalos tras publicarse la noticia siguió siendo negar los hechos, pero esa versión apenas le aguantó tres horas, hasta que el *Telediario* le obligó a cambiar de estrategia. Una vez que las fuentes de la Moncloa confirmaron a Televisión Española la presencia del ministro en Barajas y su coincidencia con Delcy, se empezó a difundir una segunda versión: Ábalos había ido a recoger a un amigo al aeropuerto, supuestamente Félix Plasencia, y allí se había encontrado de forma fortuita con la vicepresidenta de Venezuela.

Esa segunda versión tenía las patas muy cortas. Nadie en su sano juicio se cree que un ministro de España vaya a Barajas un domingo de madrugada en un coche particular para recibir a un ministro de otro país con el que se va a reunir a la mañana siguiente en su despacho. Pero es que además, tras mucho investigar, jamás llegamos a encontrar ningún vínculo real entre Ábalos y Plasencia, ninguna prueba de su amistad, ninguna foto juntos excepto la publicada por nuestro periódico y tomada aquel lunes, 20 de enero, en el ministerio. De hecho, Plasencia, que es un tipo especialmente dado al chismorreo y muy conocido en ciertos ambientes de Caracas, jamás había hablado antes a sus amigos de sus supuestos vínculos con Ábalos.

La tercera versión del ministro español fue que, al ir a recoger a su «amigo» a la terminal, vio que también estaba por allí Delcy Rodríguez y no tuvo más remedio que saludarla e intercambiar unas palabras por pura cortesía. Posteriormente, en una cuarta versión, añadió que departieron durante unos minutos, pero siempre en la terminal ejecutiva de Barajas, jamás dentro del avión. Sin embargo, acorralado por las preguntas de los periodistas, y ante la insistencia de *Vozpópuli* asegurando que mantuvieron una reunión a bordo del aparato, Ábalos terminó por reconocer en una quinta versión que llegó a subir a la nave, pero simplemente para saludar a Plasencia. Y luego en una sexta versión admitió una breve charla con Delcy dentro del avión, pero solo un saludo de cortesía. Más tarde, en el programa de televisión *El objetivo*, de la periodista Ana Pastor, adonde tuvo que acudir Ábalos acuciado por la polémica, reconoció en una séptima versión que estuvieron juntos dentro del avión «unos cuarenta minutos», pero que luego cada uno se fue por su lado. Sin embargo, en una octava versión aseguró que, después de verse a bordo, acompañó a Delcy hasta la terminal y allí se despidieron. Y en una novena explicación admitió que, después de trasladarse a la terminal ejecutiva, volvieron a charlar otro rato en la sala VIP.

Ábalos se había convertido esos días en un auténtico

hazmerreír, pero después de dar nueve versiones diferentes durante dos semanas surrealistas terminó por difundir un décimo relato para intentar quedar como un gran héroe nacional: en realidad acudió a Barajas alertado por su compañero el ministro del Interior, Fernando Grande-Marlaska, con el encargo de impedir el ingreso en España de Delcy.

Esta última versión, no obstante, no deja de ser una fantasía más. La policía española cuenta en los aeropuertos con personal y recursos suficientes como para impedir la entrada de cualquier ciudadano sin necesidad de la mediación de ningún miembro del Gobierno. Y, llegado el caso, ¿no hubiera tenido más sentido la presencia de la ministra de Asuntos Exteriores, Arancha González, para impedir una supuesta crisis diplomática? Ábalos explicó que le tocó a él resolver este embrollo porque todo el Gobierno sabía que esa noche estaba en Barajas para recibir a un amigo, y por eso le pidió el favor Marlaska. ¿De verdad nos podemos creer que todos los ministros saben lo que están haciendo sus compañeros un domingo por la noche en su tiempo libre?

Por tanto, las diez versiones de Ábalos se podrían resumir así:

1. No estuve en el aeropuerto esa noche.
2. Estuve en Barajas, pero no vi a Delcy.
3. La vi, pero no hablé con ella.
4. Hablé con ella, pero fue un saludo de cortesía en la terminal.
5. Subí al avión y me la encontré allí.
6. La saludé brevemente dentro del avión.
7. Estuve reunido cuarenta minutos con ella en el avión.
8. Tras vernos en el avión, la acompañé a la terminal y me fui.
9. También me vi con ella en la sala VIP.
10. Fui a impedir su entrada en España por encargo de Marlaska.

Dejando de lado el debate sobre si un ministro debe reunirse de madrugada dentro de un avión con la mano derecha de un sátrapa, lo cierto es que lo sucedido los días siguientes hubiera justificado de sobra la dimisión de alguien dentro del Gobierno. En primer lugar, estaban las mentiras de Ábalos. Vistas sus diez versiones diferentes, en cualquier país europeo hubiera tenido que dimitir, y seguramente habría bastado con la primera mentira. Pero en España, por alguna extraña razón, faltar a la verdad no se penaliza en política. Y eso que el ministro de Transportes, al menos durante las primeras horas, además de mentir, mostró una actitud completamente chulesca.

Ábalos se sentía fuerte. Y la prueba más clara fue que el sábado 25 de enero, en un acto de su partido en Santiago de Compostela, se permitió el lujo de decir: «Algunos estarán de paso en la política, pero yo vine para quedarme, a mí no me echa nadie». El 10 de julio de 2021, cuando Sánchez le sacó del Gobierno de forma sorpresiva, no fueron pocos los medios de comunicación que repescaron de la hemeroteca esas declaraciones. El hombre que parecía intocable había caído. Y sí, había una persona que le podía echar: el presidente.

Durante toda la crisis del Delcygate, el ministro Ábalos contó con la inestimable ayuda de no pocos medios de comunicación. Su ministerio es tradicionalmente el que más dinero gasta en publicidad institucional de todo el Gobierno y, por tanto, unos por devolver favores anteriores y otros por intentar cobrar la factura más tarde, el caso es que hasta los periódicos supuestamente de derechas intentaron cerrar filas con el ministro en algún momento. Además, se da la circunstancia de que Ábalos siempre ha sido muy dicharachero con la prensa, es decir, ha sido una muy buena fuente para algunos periodistas, por lo que también hubo quien se prestó a ayudarle difundiendo informaciones favorables. El 25 de enero, sin ir más lejos, aparecieron dos curiosos ejemplos en diarios no precisamente afines a Sánchez. Pero, sin lugar a dudas, la situación más escandalosa se produjo el 23 de febrero, cuando un «pope» del periodismo aseguró en su carta dominical que el Delcygate era una «fantasía periodística» y criticó la «sobrerreacción política [del Partido Popular y Ciudadanos] contra uno de los ministros más competentes y menos sectarios del PSOE». El negocio es el negocio.

Aparte de las mentiras y de esa actitud desafiante de Ábalos, los hechos iniciales desvelados por *Vozpópuli* suponían por sí solos el incumplimiento de las sanciones impuestas por la Unión Europea contra Delcy Rodríguez. El Gobierno siempre se escudó en que la vicepresidenta de Venezuela se encontraba en tránsito. Sin embargo, la normativa comunitaria es muy clara al respecto: ni podía sobrevolar el espacio aéreo ni, una vez en tierra, hacer un tránsito o escala. Ese avión nunca debió aterrizar y, una vez que lo hizo, Delcy tenía que haber sido deportada. Es decir, enviada a su ciudad de origen a la mayor brevedad posible.

La llegada de Rodríguez no fue una sorpresa. El Gobierno español sabía de antemano que Delcy estaba volando a Madrid, como se encargó de confirmar la ministra de Asuntos Exteriores, Arancha González. Sin embargo, nadie hizo nada para evitar su aterrizaje. Por tanto, se produjo un claro incumplimiento de un acuerdo europeo, hecho de la suficiente gravedad como para justificar alguna dimisión, aun en el caso de que Ábalos jamás hubiera estado en el aeropuerto ese día.

Y luego están las irregularidades derivadas de la entrada de Rodríguez al aeropuerto. Estuvo varias horas en una sala VIP sin que nadie le sellara el pasaporte e incluso se desplazó con total libertad por las instalaciones de Barajas hasta tomar un vuelo comercial que salía a ocho kilómetros de distancia de donde se encontraba. El Gobierno argumentó que la vicepresidenta de Venezuela no estuvo en España esa noche porque nadie le selló el pasaporte, lo que suele servir de prueba inequívoca de que se ha traspasado una frontera. Y, aunque es verdad que en ocasiones los policías de la terminal ejecutiva hacen la vista gorda con algunos pasajeros, por ejemplo cuando un futbolista aterriza durante unas horas para negociar un contrato en la sala VIP, en el caso de Delcy hay una prueba irrefutable de que algo se hizo mal: fue la única pasajera de su vuelo a la que no se le selló el pasaporte.

Además, en Barajas es preceptivo pasar dos controles de seguridad, uno de salida y otro de entrada, si se quiere ir desde la terminal privada a la T-4. Como a Delcy la trasladaron por las pistas, se burlaron esos controles, y le permitieron además tomar un vuelo comercial en vez de deportarla a Caracas. Hubo, por tanto, un claro trato de favor.

Es decir, el escándalo va mucho más allá de la reunión del avión o las mentiras de Ábalos. Tanto la ministra de Exteriores, que conocía el viaje, como el ministro del Interior, responsable de la Seguridad en el aeropuerto, estuvieron involucrados en el asunto. Permitir el aterrizaje de Delcy y, posteriormente, evitar su deportación y dejarla continuar su periplo como si no hubiera pasado nada también constituyen hechos reprobables.

3

¿QUÉ PASÓ REALMENTE EN BARAJAS?

A pesar de todo lo publicado, es difícil determinar con exactitud qué pasó en Barajas la madrugada del 20 de enero de 2020. Algunos hechos son incuestionables y otros han quedado incluso acreditados en la verdad judicial establecida por una sala madrileña que trató de determinar si hubo algún tipo de responsabilidad por parte del ministro Ábalos. Al final archivaron el caso, no porque no se hubieran cometido anomalías, que sí quedaron demostradas, sino porque el juez entendió que la pena debía ser impuesta por la Unión Europea, que es quien fijó las sanciones que el Gobierno español había vulnerado.

Desde que destapamos el Delcygate, decenas de personas se han acercado a mí para intentar saber qué se habló en aquella larga reunión dentro del avión o qué contenían las famosas cuarenta maletas. Lamentablemente, todavía no hemos podido acceder a pruebas concluyentes que nos aclaren esas incógnitas. Quizá algún día uno de los dos protagonistas nos cuente realmente lo sucedido, o quizá baste con que se acabe filtrando la grabación del encuentro porque, según cuentan en Caracas, es altamente probable que Delcy aprovechase la ocasión para registrar su conversación con Ábalos.

En enero de 2020, en Venezuela era un secreto a voces que Rodríguez estaba preparando una gira europea. Quizá pueda parecer extraño, puesto que ella misma sabía que estaba incluida en la lista de políticos sancionados por la Unión Europea, pero lo cierto es que su equipo estuvo ultimando el viaje con mimo los días anteriores. Todas las fuentes consultadas apuntan al expresidente del Gobierno José Luis Rodríguez Zapatero como uno de los personajes más relevantes en esta historia. Su relación con la vicepresidenta de Venezuela es larga y conocida y, al parecer, Zapatero habría aprovechado la constitución del Gobierno de coalición PSOE-Podemos para «vender» en Caracas un giro de España en sus relaciones con Venezuela. Y para poner las bases de la nueva etapa era necesaria una visita a Madrid, donde supuestamente no iba a haber impedimentos para la entrada de Delcy en territorio comunitario. Tanto es así que el gabinete de la vicepresidenta venezolana también estuvo gestionando con Italia una visita posterior a la FAO, la agencia de la alimentación de las Naciones Unidas, que tiene su sede en Roma, y adonde acudiría Delcy tras su paso por Madrid.

El caso es que el día 19 de enero, a las 10.12 de la mañana, Delcy Rodríguez, Félix Plasencia y otros cuatro acompañantes despegan del aeropuerto de Maiquetía de Caracas en un Falcon 900LX, matrícula TC-AKE, con destino a Madrid, donde aterrizan en la terminal de vuelos privados de la T-1 a las 00.12 de la madrugada del domingo al lunes.

El vuelo está operado por la compañía Sky Valet y el avión es propiedad de la empresa turca AK Havalcilik, a las que Venezuela suele contratar para este tipo de misiones. De hecho, la propia Delcy usó la misma nave los días previos para volar a Bolivia y Argentina. Se trata de un recurso especialmente caro, pues el avión tiene su base en el aeropuerto Atatürk de Estambul, y cada vez que el Gobierno venezolano lo solicita tiene que cruzar el Atlántico para recoger a sus pasajeros antes de iniciar el viaje de turno. Teniendo en cuenta que la tarifa ronda los

7.000 euros por hora, es fácil calcular el dispendio para el erario venezolano de cada escapadita.

El avión que transporta a Madrid a Rodríguez y Plasencia había salido de Estambul el sábado a las 10.34 de la mañana y, después de una breve escala en las islas Azores para repostar, había aterrizado en Caracas a las 17.57 horas. La tripulación se fue a descansar a un hotel antes de emprender el vuelo de regreso a Europa a la mañana siguiente.

El plan de vuelo para ese domingo es muy claro. Habrá nueve horas de viaje hasta Madrid, donde se pernoctará. Todos los que toman ese avión saben que esa noche se dormirá en España, pues la tripulación está obligada a descansar según la normativa internacional.

Como es preceptivo, cuando el avión está en el aire se informa de la identidad de los pasajeros a las autoridades del país de destino. Y ahí es cuando saltan las alarmas. Los policías que están de guardia esa noche en Barajas introducen en su ordenador los datos del pasaje del avión privado procedente de Caracas y comprueban que Delcy Eloína Rodríguez Gómez tiene la calificación de «extranjero inadmisible en territorio Schengen». Eso quiere decir que es una de las personas a las que la Unión Europea ha incluido en su lista negra y que, por tanto, tiene prohibido entrar en el territorio comunitario y hacer cualquier tipo de transacciones financieras en suelo europeo.

En circunstancias normales, y en estricto cumplimiento de la normativa de la Unión Europea, que prohíbe incluso que un sancionado entre en el espacio aéreo comunitario, España debería haber desviado ese avión, por ejemplo a Marruecos. Sin embargo, nadie da esa orden y la nave entra en Schengen por el espacio aéreo de Portugal y, posteriormente, aterriza sin mayores problemas en Barajas.

En cuanto llega el avión, el comisario de la Policía Nacional al mando esa noche en el aeropuerto acude a la terminal de vuelos privados. Le acompañan quince policías y seis guardias civiles. La idea es impedir a toda costa que Delcy baje de la nave. El problema es que cuando llegan se encuentran con el ministro Ábalos junto a un supuesto escolta de enorme corpulencia. Se trata de Koldo García, el hombre-para-todo del número tres del PSOE y la persona que le lleva esa noche a Barajas en su vehículo privado.

El comisario informa a Ábalos de que una de las pasajeras no puede entrar en España y debe ser devuelta de inmediato a su país de origen, en este caso Venezuela, en aplicación de la normativa europea vigente para los líderes chavistas sancionados. Según testigos presenciales, el ministro habla con la policía para impedir la deportación de Delcy.

Ábalos pide que le permitan subir al avión. A las 00.25 horas, y sin atravesar ningún control de seguridad, cinco personas, entre ellas el ministro, salen a la pista y se dirigen a la nave. Tres se quedan a pie de pista al lado de la escalerilla del avión. La cuarta sube con Ábalos y se queda cerca de la puerta. Dentro hay una decena de personas, entre tripulación y pasaje. El ministro se sienta junto a Delcy, quien le enseña algunos papeles.

Al filo de la una y media de la madrugada, salen todos del avión. El ministro se sube a un coche y la delegación venezolana, a la típica furgoneta de aeropuerto. Se trasladan a la sala VIP de la terminal de vuelos privados, donde Ábalos permanece con Delcy otros cuarenta y cinco minutos. Finalmente, alrededor de las 02.15 horas, el ministro abandona el aeropuerto y deja a Koldo controlando la situación.

Mientras tanto, los operarios de Barajas descargan unas cuarenta maletas del avión, que ocupan dos unidades completas de los habituales remolques que trasladan el equipaje en los aeropuertos. En la terminal hay esperando un vehículo de grandes dimensiones de la embajada venezolana que tiene matrícula diplomática. Sin que la mercancía pase ningún tipo de control de seguridad, cargan las maletas y el vehículo se pierde en la noche madrileña. En paralelo, la tripulación del Falcon también entra en territorio español y se va a su hotel a descansar.

A las siete de la mañana, un coche recoge a Delcy y a dos de sus acompañantes en la terminal de vuelos privados. Se trata de Carlos Eduardo Mantilla, director general de Seguridad Integral y jefe de gabinete de Delcy, y Smaili Abou Nassif, pareja sentimental de la vicepresidenta y propietario de la empresa Mass Joy Industries Ltd., una de las sociedades implicadas en los controvertidos programas de ayuda social (CLAP) organizados para, teóricamente, paliar la crisis humanitaria en Venezuela y que han sido un nido de corrupción.

Los tres son trasladados a través de las pistas del aeropuerto, en un recorrido de ocho kilómetros, a la Terminal 4 de Barajas, donde toman un vuelo comercial de Qatar Airways a las 08.20 horas con destino a Doha. Posteriormente, y tras las horas reglamentarias de descanso, la tripulación del avión de Sky Valet despega a las 14.42 con destino a Estambul, adonde llega a las 20.21.

Delcy aparece el miércoles 22 en la capital de Turquía, Ankara, donde mantiene una reunión con su homólogo turco para preparar el 75 aniversario del establecimiento de relaciones diplomáticas entre el país otomano y Venezuela. Y posteriormente regresa a Caracas en el mismo Falcon que la había traído a Europa.

Los otros tres pasajeros del vuelo Caracas-Madrid se quedaron desde el lunes en la capital de España: el ministro de Turismo, Félix Plasencia, que encabezó la delegación venezolana en Fitur, y dos asesores de su departamento.

Hasta aquí los hechos contrastados, pero todavía quedan numerosas incógnitas por despejar. ¿Por qué viajó Delcy a España si tenía vetada la entrada? ¿Alguien le dio garantías de que no habría problemas para entrar? ¿De qué habló con Ábalos dentro del avión? ¿Qué contenían los documentos que le enseñó? ¿Qué llevaban las maletas y cuál fue su destino final?

Es evidente que Delcy tenía previsto pasar la noche del día 20 en Madrid. De lo contrario, jamás se hubiera subido a ese avión, y máxime teniendo en cuenta que la tripulación tenía que descansar obligatoriamente al menos doce horas en España. Todo apunta a que iba a alojarse en el hotel Santo Mauro, donde estuvo Plasencia esos días, y a que iba a mantener algunas reuniones durante la mañana del lunes. De hecho, el expresidente Zapatero fue visto en el restaurante del hotel aquel día.

Y, aunque Ábalos al final tratara de adornar su papel

sugiriendo que había ido al aeropuerto a evitar la entrada de Delcy en España, esa versión es difícilmente creíble. Para empezar, como ya hemos señalado, no hace falta que vaya un ministro a Barajas para que un pasajero no se baje del avión: la policía se basta y se sobra. Y, si lo que se pretende es resolver un conflicto diplomático, ¿no sería más adecuado que hubiera ido la titular de Exteriores? Además, si el ministro se hubiera desplazado en misión oficial, acudiría con su coche y su escolta reglamentaria, no de incógnito, en vehículo particular y acompañado por un «asesor» de confianza. Conviene también recordar que debían haber desviado el avión. Por tanto, si se le dejó aterrizar es porque había un deseo de mantener la reunión.

Una evidencia más de que algo extraño pasó aquella noche es que el Gobierno, apenas unos meses después, decidió premiar al inspector jefe de Fronteras que estaba al frente del aeropuerto de Barajas aquel día, Francisco Javier Cuesta Rodríguez, con el puesto de agregado de Interior en la embajada española en Níger. Aunque semejante destino pueda sonar un castigo, en realidad se trata de una de las plazas más codiciadas por los policías debido a sus elevadas retribuciones: un sueldo de 10.000 euros al mes más complementos, y todo ello libre de impuestos en España.

Respecto a los documentos y a la conversación, todo son especulaciones. Hay quien apunta que podrían estar relacionados con el caso Morodo o incluso con la financiación de Podemos. De hecho, el periodista Luca Costantini desveló a los pocos días el temor existente en la cúpula del partido morado a que Delcy hubiera podido enseñar a Ábalos algún tipo de documentación comprometedora sobre su socio de Gobierno.

Tampoco se descarta que se hablara en el avión de petróleo, ya que por aquel entonces Caracas estaba buscando multinacionales europeas que ayudasen a la empresa estatal PDVSA, que explota en régimen de monopolio el crudo del país pero cuya tecnología se ha quedado completamente obsoleta. Y en este sentido fue muy sintomático que el 5 de febrero el Gobierno de Estados Unidos, alarmado por el Delcygate, lanzara una amenaza directa contra la petrolera española Repsol: «Yo tendría cuidado respecto a sus actividades en Venezuela, que apoyan directa o indirectamente a la dictadura», indicó en una rueda de prensa un alto funcionario estadounidense.

En cuanto a las cuarenta maletas que salieron de la bodega del avión y que se llevó la embajada venezolana en un vehículo con matrícula diplomática, *Vozpópuli* pudo confirmar que no regresaron al día siguiente a Barajas. Por tanto, ni se cargaron de nuevo en el Falcon con destino a Estambul ni viajaron con Delcy hasta Doha.

En un primer momento, se especuló con la posibilidad de que las maletas contuviesen lingotes de oro. ¿Por qué? Porque el Departamento del Tesoro de los Estados Unidos, a través de The Office of Foreign Assets Control (OFAC), tiene perfectamente documentada lo que ellos llaman «La ruta del oro venezolano», que es la manera en que altos funcionarios del Gobierno de Maduro supuestamente sacan este metal del país de forma irregular con destino a Turquía, donde se funden los lingotes para luego distribuirlos por Rusia, Jordania, Emiratos Árabes...

Ana Oramas, famosa diputada de Coalición Canaria y normalmente muy bien informada, apuntaló esa teoría cuando en una entrevista en el programa *Espejo Público*, de Antena 3 Televisión, habló de ello. «Tú sabes que yo tengo mucha relación con Venezuela —le dijo a la periodista Susanna Griso—, y lo que se está diciendo ahora allí es que el oro de Venezuela se está fundiendo en Turquía y que ese avión llevaba cajas con lingotes de oro».

Aunque se puede especular con el contenido de las famosas maletas, lo cierto es que el Gobierno venezolano suele viajar con grandes sumas de dinero en efectivo debido a que las sanciones económicas impuestas por la

Unión Europea y Estados Unidos le dificultan enormemente realizar transacciones financieras fuera de Venezuela. Por tanto, algunas fuentes apuntan a que el equipaje podría ser en realidad dinero destinado a suministrar liquidez a todas sus embajadas europeas, ya que los bancos comunitarios suelen vetar cualquier tipo de operación relacionada con Venezuela por miedo a incurrir en algún tipo de ilegalidad. Es lo que en el argot se llama «*overcompliance*», es decir, los bancos bloquean todo tipo de movimientos financieros con origen en el país latinoamericano de forma preventiva, un exceso de celo del que los dirigentes chavistas solo se pueden zafar viajando por el mundo con grandes sumas de dinero. Lo cual no quiere decir que esos billetes no se puedan usar también para comprar voluntades.

4

ESPAÑA CAMBIA DE BANDO

Mientras los dos protagonistas del Delcygate no aclaren la verdad de lo que pasó dentro del avión, o en su defecto que se publique la supuesta grabación, jamás podremos conocer con exactitud los detalles de aquel incidente. Sin embargo, lo cierto es que desde aquel 20 de enero de 2020 el Gobierno español cambió de forma muy evidente su relación bilateral con Venezuela.

Justo tras ese encuentro en Barajas, el Ejecutivo decidió que el presidente Pedro Sánchez no recibiera a Juan Guaidó, presidente encargado de Venezuela y a la sazón líder opositor, que justo esa semana estaba de gira para visitar varias capitales europeas. Guaidó había conseguido salir de su país por la frontera terrestre con Colombia.

Tras verse con el presidente colombiano, Iván Duque, decidió organizar un viaje por Europa para dar a conocer su causa. En un principio, Guaidó había descartado visitar España porque el Gobierno de Sánchez no le inspiraba mucha confianza. No en vano, uno de los partidos de la coalición gubernamental, Podemos, respalda abiertamente a Maduro.

Esos recelos iniciales de Guaidó estaban justificados porque, de hecho, la política que Sánchez siguió con Venezuela siempre fue algo ambigua. El Gobierno español se puso deliberadamente de perfil ante la crisis desatada tras el pronunciamiento de Guaidó el miércoles 23 de enero de 2019 con el respaldo de la Asamblea Nacional, controlada mayoritariamente por la oposición al régimen. Esos titubeos se debían a cierto complejo de la izquierda española, dado que por aquel entonces los más radicales acusaban al presidente de Estados Unidos, Donald Trump, de haber organizado un golpe de Estado contra Maduro.

El primer ministro de Canadá, Justin Trudeau, al que Sánchez considera un referente, no tardó ni tres horas en reconocer a Guaidó como presidente provisional. Por el contrario, el mandatario español necesitó tres días para comparecer ante la opinión pública para hablar sobre Venezuela y, en vez de aclarar a cuál de los dos presidentes reconocía, insistió en pedir elecciones a Maduro, a quien le dio un plazo de ocho días para convocarlas. En caso de que no lo hiciera, reconocería como presidente a Guaidó, lo que finalmente acabó sucediendo.

Esta posición inicial de Sánchez fue directamente decidida en la Moncloa en contra de la posición del ministro de Asuntos Exteriores, Josep Borrell, que se vio obligado a guardar silencio las primeras horas cuando él mismo llevaba semanas diciendo, literalmente, que desde el 10 de enero Maduro no tenía legitimidad democrática porque las últimas elecciones presidenciales «no cumplían los estándares para ser justas y libres». Por aquellos días, en una de sus alocuciones televisadas, Maduro llegó a tildar a Borrell de racista, entre otras lindezas.

Desde el comienzo del Gobierno de Sánchez, en junio de 2018, Borrell siguió con Venezuela una política continuista respecto a la llevada a cabo por el Ejecutivo de Mariano Rajoy. El ministro español tuvo muy claro desde el principio que, a pesar del cambio de Gobierno como consecuencia de la moción de censura, España debía mantener sus posiciones: defensa de las libertades y exigencia de elecciones libres. Como consecuencia de ello, Borrell no dudó en mantener en su puesto al embajador en Caracas, Jesús Silva, que había sido nombrado por Rajoy y quien en enero de 2018 fue declarado *persona non grata* por el régimen chavista.

Borrell siguió de cerca la situación venezolana durante el año y medio que estuvo en el cargo. Durante aquellos meses, España lideró la presión europea para que Maduro abandonase el poder. E incluso se llegó a negociar un plan para facilitar la salida del país de los principales jerarcas chavistas, pero sin demasiado éxito.

Aunque ni Sánchez ni los ministros podemitas de su Gobierno osaron nunca criticar a Maduro, lo cierto es que Borrell mantuvo una política beligerante contra el chavismo. Y, de hecho, cuando el político opositor Leopoldo López se escapó de su encarcelamiento domiciliario, tras pasar tres años y cinco meses en la temida prisión de Ramo Verde, Borrell no dudó en ofrecerle asilo en la embajada española, a la que llegó el 30 de abril de 2019 tras un breve paso por la legación chilena.

Los días previos a la gira de Guaidó por Europa, el Gobierno venezolano maniobró con algunos países comunitarios para disuadirles de darle un trato de jefe de Estado. Caracas sabía del daño que podría hacerle una foto del líder opositor con los principales presidentes europeos. Curiosamente, Arancha González Laya, recién llegada al cargo de ministra de Asuntos Exteriores tras la formación del nuevo Ejecutivo de Sánchez, también se dedicó a hacer todo lo posible para que ningún presidente europeo recibiese a Guaidó. Sánchez había decidido rechazar la audiencia con el líder opositor venezolano, que finalmente visitó España ante la insistencia de los partidos de la oposición, y no quería quedar en evidencia, por lo que trató de impedir posibles fotos con otros mandatarios.

Para redondear el desplante, González Laya accedió a verlo brevemente a su paso por Madrid, pero, en vez de recibirlo en su despacho, improvisó un encuentro fuera del ministerio, en la Casa de América. La ministra pretendía así compensar el caluroso recibimiento dispensado al político opositor por el Partido Popular, Ciudadanos y Vox. De hecho, Guaidó fue agasajado tanto por el Ayuntamiento como por la Comunidad de Madrid, cuyos máximos responsables, José Luis Martínez Almeida e Isabel Díaz Ayuso, vieron en la visita una oportunidad de oro para marcar distancias con Sánchez.

Finalmente, la estrategia impulsada por la Moncloa para evitar que Guaidó fuera tratado como presidente legítimo de Venezuela por otros países fue un fracaso total. El *premier* británico, Boris Johnson, recibió al venezolano con todos los honores, y el francés Emmanuel Macron, aunque fue más discreto, también se entrevistó en su despacho con el líder opositor, que luego se fue a Davos (Suiza) a verse con la flor y nata mundial.

Ya esa primera semana tras el Delcygate se empezó a ver en el Gobierno español un cambio de posición respecto a Venezuela: en lugar de la beligerancia frente al régimen impulsada por Borrell, la equidistancia de la nueva ministra González Laya, tratando en todo momento de no molestar al régimen chavista.

El martes 4 de febrero, apenas dos semanas después del incidente de Barajas, la ministra se reunió en secreto con Zapatero en su despacho de Madrid, según desveló en su momento el diario *ABC*. El expresidente del Gobierno, al que Borrell nunca había dado demasiada credibilidad en sus planteamientos sobre Venezuela, pasaba a ser interlocutor privilegiado del Gobierno. Y tres días después, el viernes 7, apareció en Caracas junto a Maduro.

Los siguientes meses la situación fue a peor. A diferencia de Borrell, que desconfiaba por sistema de los dirigentes chavistas, González Laya se dedicó a cultivar directamente las relaciones con su homólogo venezolano, Jorge Arreaza. El 3 de noviembre de ese mismo año, el Consejo de Ministros cesó a Silva como embajador en

Venezuela y nombró sustituto a Juan Fernández Trigo, aunque en calidad de encargado de negocios.

Fernández Trigo era un hombre de la máxima confianza de José Manuel Albares, miembro del gabinete del presidente Sánchez y encargado de asesorarle en Asuntos Exteriores. Aunque González Laya trató de justificar la salida de Silva como algo normal, a pesar de que apenas llevaba tres años y medio en el cargo, el hecho de que su sustituto fuera el embajador en Cuba, tras solo dos años en la isla caribeña, sonó a que se estaba tomando una medida más bien excepcional. Y cuando se vio que Silva no era recompensado con otra embajada, sino «castigado» a hacer pasillos en Madrid, no quedó ninguna duda al respecto: fue un relevo político.

Tras la salida del embajador, el siguiente paso del plan del Gobierno español era sacar de la residencia en Caracas a Leopoldo López, por lo que se le hizo llegar el mensaje de que con el cambio de titular debía marcharse. López entendió a la primera que tenía que irse de la embajada antes de la llegada de Fernández Trigo. Por eso organizó su fuga y el 24 de octubre, justo unos días antes de la salida oficial de Silva, abandonó la sede oficial de España en Caracas, cruzó luego la frontera terrestre con Colombia y finalmente llegó a Madrid al día siguiente.

Como es obvio, el Gobierno español supo de antemano lo que iba a suceder. Sin embargo, González Laya en ningún momento quiso apuntarse el tanto de la salida del país de López ni dar a conocer la noticia. Dado que Madrid no confirmaba oficialmente nada de lo que estaba pasando, el régimen chavista no se creyó las primeras informaciones sobre la fuga de López y pensó que era una estratagema para que se eliminase la seguridad en torno a la embajada española, y de esta manera pudiera fugarse realmente.

Por ello, en vez de levantar el cordón policial, Maduro ordenó intensificar el acoso. Aunque no se llegó a violar el territorio español, los servicios de inteligencia chavistas, el temido Sebin, sí que entraron en la residencia del personal de la embajada y, como consecuencia de ello, llegaron a detener a varios trabajadores de la legación, incluida la cocinera. Ante tal situación, España pidió a López que ofreciera una prueba de que ya no estaba en Venezuela, a lo que este respondió filtrando una foto con su familia.

Los días posteriores, cuando ya era evidente que López se había fugado, Maduro cargó en público contra el embajador Silva y lo responsabilizó de lo que había pasado. No existe ningún mensaje en su defensa por parte de González Laya. En su lugar, lo que sí consta es un wasap muy poco diplomático de la ministra a su homólogo venezolano: «Nos hemos quitado un peso de encima».

La prueba de que González Laya y el Gobierno español no sentían ninguna proximidad con López no solo la avala el hecho de que se le invitara a irse de la embajada o que no se quisiera comunicar su fuga por miedo a molestar al chavismo, sino también que a su llegada a España ningún representante oficial acudiera a recibirlo al aeropuerto. Ese gesto llamó poderosamente la atención en algunas cancillerías europeas: que el Gobierno rechazara cualquier muestra de cariño hacia una persona muy vinculada a España, después de seis años sin libertad y tras haber estado cobijado en la propia embajada, daba buena muestra de que las cosas habían cambiado.

Otro ejemplo de la nueva política con Venezuela pudo verse unos días más tarde, el 6 de diciembre, cuando el chavismo montó una pantomima de elecciones legislativas para renovar la molesta Asamblea Nacional, donde en los comicios anteriores la oposición había conseguido la mayoría. Como esta vez no se daban las condiciones de limpieza democrática requeridas, los partidos opositores decidieron no presentarse. Resultado: los 277 nuevos diputados cayeron del lado del oficialismo.

El expresidente español José Luis Rodríguez Zapatero acudió como observador a esos comicios y legitimó la votación. Pese a ello, ni Borrell, ya como encargado de la política exterior de la Unión Europea, ni los principales países del viejo continente reconocieron los comicios. Sin embargo, González Laya, en un nuevo gesto poco entendido fuera de España, salió en defensa de Zapatero y pidió «escuchar atentamente» su opinión.

Y en febrero de 2021, cuando Maduro decidió expulsar a la embajadora europea, Isabel Brilhante, González Laya fue de las más tibias de Europa en criticar la decisión. «El conflicto de Venezuela lo tienen que resolver los venezolanos, no lo va a resolver la comunidad internacional», señaló la ministra en sus primeras declaraciones.

Inicialmente, Leopoldo López fue discreto y no quiso quejarse en público del cambio de posición del Gobierno español, pero unos meses más tarde, y sobre todo a raíz del escándalo Plus Ultra, no se mordió la lengua. En una rueda de prensa celebrada en Madrid el 16 de julio de 2021, el líder opositor denunció el viraje de España respecto a Venezuela, lo atribuyó a «intereses económicos» y acusó indirectamente a Sánchez de legitimar la dictadura de Maduro.

El cambio en la política exterior española fue, pues,

evidente, y su punto de inflexión coincidió con el Delcygate. En vez de abogar abiertamente por el cambio en Venezuela, España pasó a defender una solución más posibilista, manteniendo el *statu quo* y, en el fondo, ayudando a blanquear a Maduro. Por tanto, cabe preguntarse si la visita nocturna de Delcy tuvo algo que ver con todo esto o si fue una mera casualidad. ¿Llegó a chantajear con alguna información comprometida al ministro Ábalos? ¿Le ofreció algo a cambio de una posición más cercana a Caracas?

No obstante, también hay que subrayar que ese cambio en la política exterior española fue facilitado por la salida de Borrell del Ministerio de Exteriores, al que Sánchez se quitó de encima enviándolo a Bruselas porque sabía que, entre otras cosas, no iba a digerir bien los futuros indultos a los líderes del *procés* independentista. El viejo político catalán nunca atendió a las indicaciones de la Moncloa y siempre trató de hacer lo que en cada momento creía más adecuado. De hecho, eran constantes las tensiones entre Borrell y Albares. Esa pelea se saldó con la salida de Borrell del Ejecutivo y el fichaje de González Laya tras la investidura de enero de 2020.

Desde ese relevo, la Moncloa pasó a controlar directamente la política exterior española. Es decir, Albares pasaba a ser el ministro en la sombra. Por eso su amigo Fernández Trigo acabó sustituyendo a Silva en Caracas tras su defenestración y por eso, en un gesto sin precedentes, el Gobierno nombró como sustituto del primero en La Habana a un cooperante español en Colombia, Ángel Martín Peccis, cuyo único mérito había sido tener una larga amistad con el ministro de Transportes y número tres del PSOE, José Luis Ábalos. La actuación de Martín Peccis en Cuba y su entrega absoluta al régimen castrista, sobre todo durante las protestas del verano de 2021, darían para otro libro.

El cierre del círculo se produjo en julio de 2021, cuando Sánchez decidió sustituir a González Laya, abrasada por la crisis con Marruecos a raíz de la llegada irregular del líder del Frente Polisario a un hospital de Logroño. Sánchez le dio entonces el ministerio a Albares y este lo primero que hizo fue traerse de Caracas a su amigo Fernández Trigo, tras apenas ocho meses en su destino, para nombrarle secretario de Estado para Iberoamérica.

El problema es que, aunque Sánchez no lo crea, su viraje respecto a Venezuela molesta mucho internacionalmente, y en especial al otro lado del Atlántico. El Delcygate activó todas las alarmas en Washington, e incluso hay diplomáticos que aseguran que España ha tropezado con la misma piedra que Zapatero en su día, cuando anunció la retirada de las tropas de Irak nada más tomar posesión de su cargo y sin apenas informar a Estados Unidos. Aquello lastró las relaciones de Madrid con Washington durante mucho tiempo. Mientras George W. Bush estuvo en la Casa Blanca, jamás perdonó a Zapatero, quien tuvo que esperar hasta octubre de 2009 para ser recibido oficialmente en la residencia del presidente de Estados Unidos, aunque ya con Barack Obama en el cargo.

Ahora, un nuevo mandatario español vuelve a caer en los mismos errores al flirtear con el régimen chavista, porque no hay que olvidar que Delcy Rodríguez también está sancionada por Estados Unidos. De hecho, la primicia de *Vozpópuli* fue replicada por todas las agencias internacionales y llegó a ocupar un lugar destacado en *The New York Times*. Jon Piechowski, subsecretario del Departamento de Estado, se lamentó el 25 de enero de que la cita de Ábalos con Delcy había sido «decepcionante y desalentadora» para su país.

Y, aparte de esas palabras, el malestar norteamericano también se tradujo pronto en hechos. El embajador de Estados Unidos en Madrid, Duke Buchan, pidió cita de inmediato con la ministra española de Exteriores. Se vieron el 5 de febrero en el despacho de González Laya en el palacio de Santa Cruz de Madrid. En la reunión también estuvo presente la ministra de Defensa, Margarita Robles, por petición expresa de Buchan.

El formato de esa cita fue completamente anormal porque ningún embajador se suele ver con dos ministras de España al mismo tiempo, aunque se trate del representante de la primera potencia mundial. La reunión no fue del todo bien. Buchan les transmitió la sorpresa provocada por el Delcygate en Washington y les avanzó que el secretario de Estado de su país, Mike Pompeo, quería tener una charla telefónica con su homóloga española. El embajador estadounidense expresó la preocupación de su Gobierno por el flirteo de España con Venezuela y les anticipó que se estaba valorando sancionar a la petrolera Repsol si seguía colaborando con el régimen de Maduro.

La respuesta de las ministras a Buchan se pudo leer en el diario *El País* el viernes 7 de febrero. «España avisa a Trump de que la hostilidad comercial pone en riesgo una mayor cooperación militar», fue el titular de una prolija información. «El Gobierno vincula por vez primera la presencia de tropas estadounidenses con las represalias contra empresas españolas», era el subtítulo.

A las ministras no se les ocurrió otra cosa que amenazar a Trump en un periódico justo el mismo día en que iban a hablar Pompeo y González Laya. El texto era una clara filtración gubernamental en la que incluso se sugería que, si Estados Unidos seguía en su línea, las bases militares de Rota y Morón podrían correr peligro. Lo nunca visto en las relaciones bilaterales de los dos países: mandar recados a través de la prensa.

Esa noticia cayó como una bomba al otro lado del Atlántico. Tanto es así, que Estados Unidos convocó ese mismo viernes por la noche una rueda de prensa por videoconferencia para charlar con todos los periodistas españoles interesados. El acto, completamente inusual, fue presidido por Eliott Abrams, representante especial del Departamento de Estado para Venezuela. Y el mensaje no pudo ser más duro: «La reunión entre José Luis Ábalos y Delcy Rodríguez supone una violación de las sanciones internacionales».

Para rizar el rizo, Zapatero se estaba haciendo fotos en Caracas con Maduro justo a la misma hora. El enojo en Washington era monumental. Pompeo llamó finalmente a González Laya ese día, pero la conversación fue mucho más breve de lo previsto, un mero saludo o toma de contacto, pues no se conocían. Se emplazaron para verse a los pocos días en la conferencia de seguridad de Múnich.

La posición de España, guante de seda con Venezuela

y duras amenazas a Estados Unidos, causó estupor fuera de nuestras fronteras. Era la traslación a la política exterior de clichés izquierdistas que demostraban el cacao mental del Gobierno de Sánchez. Alejarte de una de las democracias más antiguas del mundo a la vez que te abrazas con la vicepresidenta de un sátrapa. Curiosa escala de valores.

5

EL FRENTE JUDICIAL
Y LAS FAMOSAS CINTAS

Cuando tuvimos constancia de la reunión entre Ábalos y
Rodríguez entendimos rápidamente que se trataba de un
acto reprobable desde el punto de vista estético. Que
un ministro de un gobierno democrático europeo se viera a escondidas, de madrugada y dentro de un avión con
la vicepresidenta de un régimen autoritario no auguraba
nada bueno.

Además, pronto descubrimos que esa reunión estuvo
rodeada por varias infracciones (el avión no debió entrar
en el espacio aéreo, la vicepresidenta tendría que haber
sido deportada a Caracas en cuanto pisó suelo español, se
le tuvo que haber sellado el pasaporte al entrar en la ter-

minal...), por lo que era inevitable pensar que, aparte de las responsabilidades políticas, se pudieran derivar también algún tipo de responsabilidades en el ámbito de la Justicia. Y, aparte de la vulneración de la normativa europea, lo que era más evidente es que alguien había cometido un delito de prevaricación, es decir, había actuado injustamente a sabiendas.

Los partidos políticos de la oposición tardaron unos días en reaccionar, pero finalmente el Partido Popular, Ciudadanos y Vox presentaron denuncias ante la Fiscalía para que esta investigase si se pudo haber producido algún tipo de irregularidad. El problema es que la Fiscalía acababa de quedar en manos de Dolores Delgado, exministra de Sánchez, por lo que era harto improbable que la cosa pudiera prosperar.

Los días fueron pasando y la Fiscalía no movía un dedo. Ninguno de los tres principales partidos de la oposición se animaba a presentar una querella en un juzgado, lo que provocó que el 15 de febrero una formación completamente desconocida hasta ese momento, el Partido Laócrata, les adelantase con una querella contra Ábalos ante el Tribunal Supremo por un presunto delito de prevaricación.

Al día siguiente, 16 de febrero, conocimos a través de

OK diario el testimonio de uno de los vigilantes de la empresa Ilunion, encargada de la seguridad en Barajas. Ese guardia jurado se había presentado el día 13 ante notario para dejar constancia de todo lo sucedido en una declaración que ocupaba tres folios. En ella apuntaba directamente al ministro porque, según su relato, intercedió ante la policía para evitar la deportación de Delcy a Caracas y para que la dejasen tomar un vuelo a Doha a la mañana siguiente. Además, el vigilante confirmó que no se le selló el pasaporte y que desembarcaron cuantiosas maletas sin ningún control.

En *Vozpópuli* siempre tuvimos claro que uno de los elementos potencialmente más jugosos para aclarar lo sucedido eran las distintas grabaciones realizadas por las cámaras de seguridad del aeropuerto. Según nuestras informaciones, esas cámaras podrían haber captado perfectamente el desembarco del equipaje o las escenas de tensión entre la policía y el ministro. Pero sabíamos que, si no las solicitaba un juez, esas «cintas» serían destruidas en el plazo de un mes, como establece la ley de protección de datos española. Por tanto, el límite para que la Justicia evitase su borrado expiraba el 20 de febrero.

Fue muy curioso, y también inquietante, comprobar que cuando preguntaron al ministro Ábalos por el asunto de las cintas, este se marcó una parrafada jurídica, demostrando un amplio conocimiento de la ley de protección de datos, y avisó de que esa norma marcaba «un plazo máximo de un mes» para el borrado de las imágenes, por lo que dio a entender que quizá estuvieran ya destruidas. Teniendo en cuenta que la responsable de esas grabaciones era AENA, la empresa pública que administra los aeropuertos y que depende orgánicamente del Ministerio de Transportes de Ábalos, esas declaraciones no hacían augurar nada bueno.

Por eso, y en un último intento por salvar de su destrucción una prueba tan valiosa, el lunes 17 de febrero, tres días antes del plazo fijado por la ley, publiqué un artículo muy duro contra la oposición. Lo titulé «¿Qué le pasa a Pablo Casado?», y en él advertía de que, si ningún partido político de la oposición se movía rápido, las imágenes del Delcygate desaparecerían y, con ellas, cualquier posibilidad de esclarecer los hechos. Reconozco que mi única intención con aquel artículo fue dar la voz de alarma para que alguien hiciera algo, y especialmente el Partido Popular, con su líder Casado a la cabeza.

Aunque yo no lo tenía muy claro cuando se publicó, el caso es que aquel artículo sirvió para que los partidos despertaran de su letargo. Ese mismo día por la noche

Ciudadanos anunció una querella y el PP se fue al día siguiente al juzgado de guardia para solicitar que, como medida cautelar, se pidiese a AENA la protección de las imágenes. Y así fue: el juzgado número 31 de Madrid, a cargo de Antonio Serrano-Arnal, dictó un auto ese mismo día en el que, en virtud de los indicios de delito, ordenaba que se le entregasen las imágenes de lo sucedido en la madrugada del 20 de enero. Habíamos evitado la catástrofe *in extremis*.

Aquellos días me contaron que el PP había remoloneado con la presentación de la querella, la cual habían anunciado un par de semanas atrás, porque sus servicios jurídicos estaban convencidos de que, de haber habido un delito de prevaricación, lo habrían cometido los policías y guardias civiles por no deportar a Delcy, y no el ministro, aunque aquellos hubieran alegado que cumplían órdenes de este. Por tanto, para no poner en apuros a las fuerzas de seguridad, los populares habrían preferido mantener un perfil bajo en el caso... hasta que leyeron mi artículo y vieron que Ciudadanos se movía.

Al judicializarse definitivamente el caso, con el frente de los Laócratas en el Supremo y el de las cintas en el juzgado 31, el Gobierno inició una fuerte campaña de presión sobre todos los testigos del Delcygate, a los que se les hizo saber que, como contasen algo, tanto a la prensa como a los jueces, serían castigados. Ni que decir tiene que esas presiones también llegaron a *Vozpópuli* desde el principio, alcanzando niveles de amenaza difícilmente tolerables, pero ya estábamos curados de espanto.

Las coacciones fueron tan graves que alguno de los policías presentes esa noche en Barajas terminó pidiendo asesoramiento jurídico ante la sospecha de que sus superiores pudieran sancionarle. Y lo mismo sucedió con los vigilantes de Ilunion. De hecho, el guardia que acudió al notario fue castigado por su empresa con dos meses de suspensión de empleo y sueldo, supuestamente por haber difundido una foto del interior de la sala VIP de la terminal ejecutiva. Sus propios compañeros se tuvieron que manifestar el día 28 de febrero en la puerta del Ministerio de Transportes para exigir que se le restituyese en su puesto, pero sin demasiado éxito y ante el silencio de la mayoría de los medios de comunicación.

Por aquellos días la oposición sí estuvo algo más activa en el Congreso de los Diputados, donde presentaron preguntas parlamentarias y solicitaron la creación de una comisión de investigación para aclarar lo sucedido. Pero, como era de esperar, el Gobierno consiguió el apoyo de sus socios de investidura (independentistas y nacionalistas) para vetar esa iniciativa.

Una de las cuestiones por las que el PP siempre preguntó en sus intervenciones parlamentarias, y que sigue sin respuesta a día de hoy, es cómo pagó Delcy el vuelo comercial a Doha. Según el PP, los billetes costaron 4.000 euros y alguien se los prestó. Quizá las cámaras del aeropuerto podrían arrojar algo de luz al respecto, pero nadie ha querido investigar ese asunto.

La querella de los Laócratas recayó en la Sala de lo Penal del Tribunal Supremo, donde el juez Manuel Marchena actuó como ponente. Después de varios meses de estudio, el 26 de noviembre de 2020 la sala emitió un auto de diez folios en el que, a modo de hechos probados, se confirmó todo lo publicado por *Vozpópuli*. Además, y dejando en evidencia los argumentos del Gobierno, se establecía que Delcy Rodríguez sí llegó a entrar en España, donde permaneció veinte horas.

«Que la estancia en el aeropuerto de Delcy Rodríguez implicó una vulneración de la expresa prohibición de permitir su entrada en el territorio de la Unión Europea está fuera de cualquier duda», se señalaba en el auto. Sin embargo, la sala inadmitía la querella por prevaricación al entender que, más que un delito, se habría podido cometer una falta, y que debía ser la Unión Europea, y no los tribunales españoles, quien decidiese el posible castigo por la vulneración de un acuerdo comunitario. Este argumento fue duramente criticado por algunos juristas, pues suponía *de facto* la renuncia de un tribunal español a seguir investigando algo que reconocía que estaba mal. El abogado Tsevan Rabtan llegó a publicar en *El Mundo* un duro artículo contra Marchena por este asunto. No obstante, quizá lo más llamativo es que el Supremo diera carpetazo al caso sin haber visto siquiera los vídeos de AENA, pues nunca se los pidió al juzgado número 31.

La decisión del Supremo de archivar el caso fue festejada por el ministro Ábalos, quien ese mismo día se dejó ver en un acto completamente eufórico. Algunos medios de comunicación también cayeron en el titular fácil, sin ahondar en los detalles del auto. Sin embargo, cualquiera que lea los diez folios de Marchena sin pasión política alguna entenderá fácilmente que aquello, más que una exoneración, fue un varapalo, pues no solo se confirmaba que se había vulnerado la normativa europea, sino que se ratificaba punto por punto lo publicado por *Vozpópuli* frente a las diez versiones que en su día dio el ministro. Porque, cuando el Supremo inadmitió la querella y consideró que no había un delito, no estaba diciendo que no hubiera habido falta ni que los hechos no sucedieron tal y como se contaron. Lo único que estaba señalando es que no era la instancia competente para enjuiciar el asunto.

El 13 de abril de 2021, la Audiencia Provincial de Madrid también archivó el caso tras hacer lo propio anteriormente el juzgado 31, y atendiendo a las mismas razones que el Supremo. Y, aunque Vox trató de pelear *in extremis* para que se consiguieran salvar las imágenes de aquella noche mediante un recurso de amparo ante el Constitucional, este archivó finalmente el asunto el 4 de junio.

Respecto a la Unión Europea, a la que Marchena pasó la patata caliente de enjuiciar el caso, no consta que se haya abierto ninguna investigación oficial.

6

ASÍ DESVELAMOS EL ESCÁNDALO PLUS ULTRA

El 9 de marzo de 2021 el Gobierno de Pedro Sánchez celebró su habitual Consejo de Ministros de todos los martes. Con posterioridad a la reunión, y como es tradicional, la ministra portavoz por entonces, María Jesús Montero, compareció ante los medios de comunicación para explicar los acuerdos adoptados. Aquella rueda de prensa fue especial: se trataba de la primera vez, desde que estallara la pandemia un año antes, que autorizaban a algunos periodistas a acudir presencialmente a la Moncloa, provistos, eso sí, con mascarillas y separados unos de otros por dos metros de distancia.

Aquel día no hubo un gran tema en la agenda porque,

el más importante que estaba previsto aprobar, un paquete de ayudas a pymes y autónomos anunciado días antes por el presidente del Gobierno, finalmente no pudo salir adelante y se dejó para un Consejo de Ministros extraordinario que se terminó celebrando el viernes 12 de marzo. En su lugar, Montero se recreó en su primera intervención en diversas medidas de corte feminista, adoptadas con motivo del Día de la Mujer, y en la gran esperanza que suponía para España la aprobación de la vacuna de la empresa Janssen, que permitiría agilizar el proceso de inmunización dado que solo requería de una dosis y su transporte y conservación eran mucho más fáciles que las de Pfizer, Moderna y AstraZeneca. Finalmente, también sacó pecho por la aprobación de un real decreto que modificaba la estructura tarifaria de los cargos del sistema eléctrico y que, según la ministra, iba a suponer un importante ahorro en la factura de los hogares desde su entrada en vigor, el 1 de junio. Como se pudo comprobar a partir del verano, ocurrió todo lo contrario: el recibo de la luz se disparó hasta límites nunca vistos en España.

Montero hizo una breve alusión en su intervención inicial a los dos rescates a empresas aprobados ese día por el Gobierno en virtud del denominado Fondo de Apoyo a la Solvencia de Empresas Estratégicas, que fue creado en julio de 2020 y dotado con 10.000 millones de euros para salvar compañías perfectamente sanas antes de la COVID que, como consecuencia de la pandemia, estuvieran atravesando graves problemas de viabilidad. La ministra se refirió en primer lugar a Duro Felguera, empresa asturiana fabricante de bienes de equipo y prestadora de servicios industriales, a la que le fue concedida una ayuda de 120 millones de euros: 70 en forma de préstamo participativo, 20 como préstamo ordinario y 30 como aportación de capital. En segundo lugar, Montero citó los 53 millones autorizados para la compañía aérea Plus Ultra: 34 en forma de préstamo participativo y 19 como crédito ordinario. La ministra justificó ambas ayudas con los empleos que se estaban salvaguardando: 3.858 en Duro Felguera y 345 en el caso de la aerolínea.

Estos rescates no fueron los primeros aprobados en Consejo de Ministros. El 3 de noviembre de 2020 el Gobierno había autorizado una ayuda de 475 millones a la compañía Air Europa. Desde entonces, se había hablado mucho de todas las empresas que habían presentado solicitudes ante la Sociedad Estatal de Participaciones Industriales (SEPI), que es el organismo al que el Gobierno delegó la gestión del fondo de 10.000 millones, pero ninguna otra ayuda se había autorizado. Sobre la de Duro

Felguera se habían escrito ya ríos de tinta en la prensa, pues se encontraba en una situación muy delicada e incluso había quien discutía que se debiera sostener artificialmente a una empresa que ya antes de la COVID presentaba graves problemas de viabilidad.

Ese martes 9 de marzo los periodistas económicos mejor informados sabían que la ayuda a Duro Felguera estaba al caer, pero nadie sospechaba nada sobre Plus Ultra porque, de hecho, nadie había escrito siquiera que esa empresa hubiera pedido el rescate. Cuando la ministra citó a la aerolínea en su intervención inicial, nadie reparó en ello porque, entre otras cosas, el rescate polémico hasta ese momento era el de Duro Felguera. Quizá por eso ninguno de los ocho periodistas que preguntaron en aquella rueda de prensa se refirieran a ese asunto.

Sí hubo, eso sí, una pregunta sobre la SEPI, pues la periodista Ketty Garat inquirió a Montero sobre los motivos por los que ese organismo se encontraba completamente descabezado desde hacía 525 días, tras la dimisión de su presidente, Vicente Fernández, por su imputación en el caso de la mina de Aznalcóllar (Sevilla). Fernández era el secretario general de Industria de la Junta de Andalucía cuando, en febrero de 2015, se convocó un concurso para adjudicar la controvertida mina andaluza, que en 1998 había provocado un vertido contaminante tras la rotura de una presa. Según la instrucción judicial, la Junta seleccionó finalmente al grupo Magtel Minorbis por su amistad con Fernández, por lo que este se enfrenta a peticiones de hasta 19 años de cárcel, 60 de inhabilitación y una multa de dos millones de euros por los delitos de tráfico de influencias, prevaricación, fraude en negociación, malversación de caudales públicos y cohecho. El juicio oral está previsto para 2023.

El asunto de Fernández y la SEPI, aunque diferente al de Plus Ultra, es otro de esos escándalos que demuestran la arbitrariedad con la que a veces se actúa desde el poder. Como en su día desveló también *Vozpópuli*, el Gobierno había decidido dejar vacante la presidencia de la SEPI en espera de que Fernández resolviera sus problemas con la Justicia. Como el caso ya se había archivado anteriormente en dos ocasiones, Montero confiaba en que pronto el expresidente de ese organismo quedaría de nuevo limpio para volver a ocupar su cargo. Y esto era un secreto a voces en la SEPI, donde el propio Fernández había sido visto en más de una ocasión durante esos 525 días en los que ya no estaba al frente de la institución. Dicho de otro modo: la sospecha era que seguía mangoneando la SEPI a pesar de haber dimitido. Montero respondió a la pregunta de Garat diciendo que mantenía toda la confianza en Fernández y que nombraría a alguien para el puesto vacante «en el momento oportuno». Pero el escándalo Plus Ultra desbarató el plan inicial de la ministra, que no tuvo más remedio que nombrar presidenta de la SEPI a Belén Gualda el 30 de marzo de 2021 para intentar contener las críticas por esa extraña vacante.

En la referencia del Consejo de Ministros, que es el documento oficial donde el Gobierno detalla los acuerdos adoptados, aquel día de marzo se hacía mención a los rescates de Duro Felguera y Plus Ultra. En ambos se detallaban las cantidades concedidas y se recalcaba que el dinero debía devolverse en un plazo de siete años. Curiosamente, el Ejecutivo impuso unas condiciones mucho más estrictas a Duro Felguera: el Estado tendría dos consejeros en su órgano de administración y se reservaba la elección del nuevo consejero delegado. Sin embargo, ninguna de esas dos medidas se contemplaba para Plus Ultra: el dinero se daba sin establecer ningún requisito de control sobre la sociedad.

Tras la rueda de prensa del Consejo de Ministros, todos los medios, especialmente los económicos, comenzaron a dar la información de los rescates, pero centrando el asunto en Duro Felguera, que era la empresa que había estado en discusión desde semanas antes. Las primeras informaciones fueron apareciendo alrededor de las 15 horas de aquel martes, pero nadie pareció darle importancia a la ayuda concedida a Plus Ultra, empresa que seguramente era desconocida por todos cuantos tuvieron que escribir sobre ella aquel día.

La periodista Beatriz Triguero publicó una primera información en *Vozpópuli* a las 15.16 horas en la que daba cuenta de las cantidades aprobadas por el Consejo de Ministros, recogía las palabras de Montero calificando a Plus Ultra de «empresa estratégica» y añadía un comunicado de la compañía en el que su presidente, Roberto Roselli, se congratulaba por el rescate: «Estamos muy contentos porque llevamos meses trabajando activamente y es un hito muy importante de cara a la viabilidad y al futuro de nuestra empresa. El haber llegado a este punto ha sido fruto del esfuerzo y de la profesionalidad de todo el equipo de Plus Ultra. Queremos dar las gracias al Consejo de Ministros y a todos los implicados por la resolución a la que han llegado».

A las 16.50 horas de aquel martes, como cada tarde, presidí el Consejo de Redacción de *Vozpópuli*. Se trataba de una reunión algo distinta a los tradicionales consejos de los grandes periódicos. En el digital fundado por

Jesús Cacho la norma siempre fue celebrar dos reuniones seguidas: primero para hablar de Economía y luego para tratar los asuntos de Política. Y, dado que la plantilla no era muy grande, en vez de acudir solo los jefes, también asistían todos los redactores de cada sección. Por tanto, ese día, a las 16.50, celebré la primera parte de la reunión con los redactores de Economía.

Recuerdo que estaban casi todos presentes: una decena larga de periodistas junto a mi subdirector, Alberto Pérez Giménez, llegado unos meses antes desde *El Confidencial*, y el redactor jefe de Economía, Juan T. Delgado, contratado en enero y procedente de *El Independiente*. Todos sentados alrededor de una enorme mesa rectangular. El *modus operandi* siempre era el mismo: cada redactor iba contando su tema del día y, si había alguna duda, el asunto se sometía a discusión o reenfoque.

Aquella tarde la reunión de Economía fue muy larga debido al gran número de asistentes. Uno por uno fueron desgranando sus temas susceptibles de abrir la portada del periódico al día siguiente. Yo solía seguir el orden de las agujas del reloj: comenzaba por mi izquierda e íbamos escuchando a todos hasta llegar a la persona más cercana por el lado derecho, que aquel día y casi siempre solía ser Beatriz Triguero, nuestra especialista en Turismo y

Líneas Aéreas. Cuando llegó su turno, nos contó que había habido un rescate «muy raro» en el Consejo de Ministros: le habían dado 53 millones a una empresa de la que ni ella ni nadie en el sector habían oído hablar nunca.

«¿Cómo se llama la empresa?», le pregunté inmediatamente. «Plus Ultra», me respondió. Y automáticamente di un respingo. «¡Esa empresa es venezolana, es chavista, esto es un escándalo!», grité ante la estupefacción de todos los presentes. Por sus caras, era evidente que ninguno sabía de lo que estaba hablando, así que les empecé a dar datos: Plus Ultra había sido la empresa elegida por el régimen de Nicolás Maduro para realizar en exclusiva los viajes de repatriación de venezolanos varados a un lado y otro del Atlántico durante la pandemia. Joaquín Hernández, un periodista de origen argentino y especializado en el sector inmobiliario, empezó a asentir ante lo que yo estaba diciendo y comentó que a él también le sonaba que esa empresa era venezolana. Dada la relevancia de lo que teníamos entre manos, ordené a Triguero y Hernández que salieran de la reunión inmediatamente para buscar datos que confirmaran el vínculo de Plus Ultra con el chavismo.

Tras la reunión de Economía, celebré la de Política. Después, y mientras me iba a mi despacho, fui abordado en mitad de la redacción por Delgado, Triguero y Hernández, quienes me confirmaron que yo estaba en lo cierto y que, en apenas unos minutos, ya habían conseguido material suficiente para demostrar que la aerolínea rescatada por el Gobierno no era trigo limpio: al menos la mitad de su capital era venezolano y sus vínculos con el régimen chavista eran más que evidentes. No había sido muy difícil descubrirlo. Encargué que se preparasen dos textos para el día siguiente: uno a Beatriz sobre tan discutible rescate a una empresa prácticamente inexistente, y otro a Joaquín sobre sus vínculos con Maduro.

Muchas veces mis propios compañeros me han preguntado cómo supe que la empresa estaba ligada al chavismo. Y nunca he sabido dar una respuesta demasiado concreta. El caso es que, al contrario que el 99,9 % de los periodistas españoles, yo sí sabía qué era Plus Ultra, si bien me enteré de su rescate por parte del Gobierno en el mismo momento en que Beatriz nos lo contó en la reunión, pues no había tenido tiempo de ver la noticia de las 15.16 horas. Es verdad que tengo vínculos familiares con Venezuela, pero también es cierto que esa noche, cuando llegué a casa tras haber atado bien los textos del día siguiente, nadie de mi entorno más cercano conocía ni la empresa ni los nombres relacionados con ella. Supongo, pues, que gracias a esos vínculos simplemente he desarrollado un cierto olfato que me hace «leer» con más atención todo lo relacionado con Venezuela... y, por eso, cuando Beatriz citó esas dos palabras mágicas («Plus Ultra») yo salté como un resorte, perfectamente consciente del escándalo que teníamos entre manos.

El caso es que el miércoles 10 de marzo, a las 04.45 de la madrugada, *Vozpópuli* abrió su edición con este titular a toda página: «El Gobierno rescata una aerolínea "venezolana" conectada con el chavismo». Y en una segunda información añadimos: «Plus Ultra, una empresa ligada a Delcy Rodríguez y a la mujer de Maduro».

Los hechos no dejaban lugar a dudas. El Gobierno había usado un fondo destinado a empresas estratégicas para rescatar a una aerolínea que apenas operó el 0,03 % del total del tráfico aéreo generado en España en 2019: apenas 823 vuelos en el año anterior a la pandemia, lo que la situaron en el puesto 166 de todas las empresas del sector en nuestro país. En enero de 2021, último mes con datos disponibles antes del rescate, Plus Ultra había operado dos vuelos en España.

Dado que el fondo gestionado por la SEPI establece que está destinado a apoyar empresas estratégicas «por su sensible impacto social y económico, su relevancia para la seguridad, la salud de las personas, las infraestructuras, las comunicaciones o su contribución al buen funcionamiento de los mercados», parece a todas luces que con la desaparición de Plus Ultra no iba a producirse ninguna alteración importante ni de la economía ni del sector aéreo.

Pese a ello, el Ministerio de Hacienda, que es de quien depende la SEPI, ya defendía en un comunicado del mismo día 9 que «el tipo de cliente de Plus Ultra es distinto al de otros competidores, centrándose principalmente en residentes en España u otros destinos que viajan principalmente a visitar a familiares o por ocio [...], por lo que su oferta cubre un ámbito de servicios en el mercado complementario a los servicios que proporcionan las compañías de mayor tamaño».

Según las últimas cuentas disponibles por aquel entonces, Plus Ultra tenía 268 empleados en 2019, no los 345 que el Gobierno decía, y acumulaba pérdidas desde su nacimiento, en el año 2011, lo cual dejaba también en muy mal lugar al Ejecutivo, pues el fondo era para empresas que hubieran entrado en crisis como consecuencia de la pandemia y que estuvieran sanas anteriormente.

Respecto al vínculo venezolano, la primera información publicada ya señalaba que el 47,23 % de las acciones de la aerolínea, según los datos a los que tuvimos acceso aquel día, pertenecían a la empresa Snip Aviation, que es propiedad de tres ciudadanos venezolanos: Rodolfo José Reyes Rojas, Raif El Arigie Harbie y Roberto Roselli Mieles. Los tres están vinculados a Camilo Ibrahim Issa, un empresario de origen árabe afincado en Venezuela y que tiene estrecha relación tanto con Delcy como con Cilia Flores, diputada y esposa de Maduro. También mantiene relación con Jorge Rodríguez, hermano de Delcy y actual presidente de la Asamblea Nacional de Venezuela.

Por casualidades de la vida, esa mañana del 10 de marzo me tocó acudir a la tertulia del programa de Carlos Herrera en la Cadena COPE. Durante la pandemia, casi todos los colaboradores de *Herrera en COPE* intervenían desde sus casas a través de conexiones RDSI, pero yo siempre prefería acudir a los estudios aprovechando que no vivía demasiado lejos de la Puerta de Alcalá, sede central de la cadena. Aquella mañana, al llegar al estudio que lleva el nombre de Antonio Herrero en honor al gran periodista fallecido mientras practicaba submarinismo en Marbella en mayo de 1998, me encontré a Carlos haciendo el programa, que normalmente solía presentar desde Sevilla. Aproveché la circunstancia para contarle fuera de micrófono la gran primicia que habíamos destapado esa mañana. Carlos, que la había visto ya en nuestra web a primera hora, me miró un tanto escéptico porque la veía demasiado técnica para la audiencia de su programa. Le convencí de que había que hablar de ello en la tertulia, porque se trataba de un escándalo de primera magnitud, y me dejó explicarlo durante unos minutos.

Sin embargo, ni ese día ni los siguientes hubo una gran marejada en la prensa española, si bien el Partido Popular recogió el guante de inmediato: el mismo día 10 el vicepresidente del Grupo Popular Europeo en la Eurocámara, el español Esteban González Pons, pidió a la Comisión Europea un análisis sobre la idoneidad de las ayudas. Además, esa misma semana el PP presentó doce preguntas en el Congreso de los Diputados exigiendo al Gobierno los detalles de cómo pensaba recuperar el dinero, es decir, el plan de reembolso que se suponía que debió haber entregado la aerolínea. Y el día 16 presentaron otra batería de preguntas solicitando los informes que avalaron el rescate.

La portavoz del Gobierno justificó el rescate el 17 de marzo en el Congreso de los Diputados argumentando que la empresa es clave para las conexiones con Latinoamérica. «Déjense de fantasmas porque, por si no lo saben, los fantasmas no existen. Plus Ultra tiene rutas con algunos países de Latinoamérica que son fundamentales para la conectividad del país», señaló Montero. «El fondo de solvencia se creó para empresas españolas, la empresa por la que pregunta es española y genera empleo directo a trescientas personas e indirecto a dos mil... ¿Se tienen que perder miles de puestos de trabajo porque, según usted, uno de los accionistas de una empresa tiene relación con no sé quién?», contestó la ministra de Hacienda a las preguntas de la oposición.

En *Vozpópuli* seguimos publicando los días sucesivos innumerables noticias relacionadas con el asunto. De hecho, el 11 de marzo desvelamos que los fundadores de Plus Ultra ya habían quebrado anteriormente Air Madrid y que uno de ellos había sido condenado por delito fiscal. Al día siguiente, contamos que Camilo Ibrahim, amigo de Delcy Rodríguez, compartía dos empresas en España con los dueños de Plus Ultra, y el día 13 publicamos que algunos de ellos tenían sociedades «pantalla» en paraísos fiscales. El 17 de marzo desvelamos que la banca española había rechazado en plena pandemia dar un crédito ICO a Plus Ultra por el riesgo que implicaba: la aerolínea no logró convencer a los bancos a pesar de que 600.000 empresas sí recibieron por entonces esos préstamos. Y al día siguiente publicamos también en primicia que la aerolínea rescatada por ser «estratégica» solo tenía un avión.

Ese jueves 18 de marzo, más de una semana después del inicio de nuestras exclusivas, el diario *El Mundo* se subió al carro y llevó a su portada el dato escandaloso que ya habíamos publicado de que la aerolínea apenas operaba el 0,03 % de los vuelos que se realizaban en España en todo un año. Y nosotros añadimos al día siguiente que Plus Ultra fue la segunda aerolínea con más denuncias de pasajeros en 2019 y que la empresa evitó su disolución antes de la COVID con un préstamo de un banco panameño.

Tantos datos, y el hecho de que *El Mundo* se sumara a nuestras informaciones, a pesar de no añadir grandes revelaciones, hicieron cobrar una nueva dimensión al escándalo, hasta el punto de que el eurodiputado de Ciudadanos Luis Garicano envió el día 19 una carta a la Comisión Europea en la que pedía que investigara el rescate del Gobierno a la aerolínea.

Aunque no fue el primer político en hincarle el diente al caso, Garicano entendió relativamente rápido la gravedad del asunto, y hay que reconocerle su perseverancia para dar la batalla en Bruselas. Su lucha tenía que ver con el peligroso precedente que se estaba creando cuando España estaba a las puertas de recibir 70.000 millones de euros en ayudas europeas. ¿Se iba a repartir ese dinero con la misma arbitrariedad?

Garicano volvió a denunciar la situación ante la Comisión el 6 de abril. Su argumento principal era que la ayuda es ilegal porque la empresa no cumplía los requisitos exigidos: ni era estratégica ni entró en crisis por culpa de la COVID.

El lunes 22 de marzo publiqué un artículo resumiendo todo lo descubierto hasta ese momento por *Vozpópuli*... y parece que ayudó a darle una dimensión mayor al caso. Carlos Herrera lo glosó ampliamente en su programa de la COPE y en Onda Cero también hablaron de ello. *El Mundo* dio esa mañana nuestro tema sobre Panamá. El escándalo ese día se extendió mucho más y, quizá por ello, el Gobierno tuvo que salir al contraataque: al día siguiente el diario *El País*, que no había escrito aún sobre ello, publicaba en exclusiva extractos de los informes que el Gobierno había manejado para rescatar la empresa... y claramente eran favorables a conceder la ayuda.

A la mañana siguiente, desvelamos que el jefe financiero de Plus Ultra quebró una aerolínea en Venezuela en 2018. Y el día 24 contamos que, según los últimos datos disponibles en el registro, la parte venezolana de Plus Ultra se elevaría ya hasta el 57 % de su accionariado, lo cual le impediría operar vuelos con países diferentes a Venezuela y, por supuesto, recibir el rescate de la SEPI.

En días posteriores publicamos también que la SEPI omitió contactar con la auditora de Plus Ultra antes de tomar una decisión sobre el rescate, que solo miró las cuentas de un trimestre, no de los dos años preceptivos, y que el Gobierno había subvencionado con 400.000 euros una fundación del consultor que elaboró el informe clave para decidir la ayuda a la aerolínea.

7

UN ASUNTO MUY TURBIO

En el escándalo Plus Ultra hay una decena de evidencias que ponen de manifiesto la existencia de un posible delito de prevaricación (adoptar una decisión injusta a sabiendas) por parte del Gobierno, de ahí que la Justicia haya tomado cartas en el asunto para determinar si realmente hay algún tipo de responsabilidad penal que depurar.

Lo curioso es que, pese a la magnitud de esas evidencias, ni el Ejecutivo haya sido transparente a la hora de facilitar información, ni el Congreso de los Diputados haya abierto una comisión de investigación, ni nadie haya sido destituido a excepción del ministro Ábalos, depurado por Sánchez aprovechando el cambio de Gobierno de julio de 2021 y cuya mano, cómo no, también está detrás de este asunto.

La primera evidencia de que la decisión de conceder 53 millones de euros a Plus Ultra fue totalmente injusta tiene que ver con que esa aerolínea no es una empresa estratégica para la economía española. En este sentido, el Real Decreto 25/2020, que regula el fondo de 10.000 millones gestionado por la SEPI, establece que ese dinero «tiene por objeto compensar el impacto de la emergencia sanitaria en el balance de empresas solventes consideradas estratégicas para el tejido productivo». La palabra clave en esa frase es «estratégicas» y, evidentemente, el Gobierno la eligió a propósito porque su ambigüedad da mucho juego para hacer en cada caso lo que le plazca, porque en ningún sitio se definen los criterios que seguirá el Ejecutivo para considerar estratégica una empresa. Además, tampoco hay consenso en el mundo de la economía sobre ese término, lo que lo convierte en un comodín con el que justificar cualquier decisión, tanto a favor como en contra de dar una ayuda.

Sin embargo, en el caso concreto de Plus Ultra, los datos son tan elocuentes que no hay mucho margen para la duda. Una empresa que apenas operó el 0,03 % de todos los vuelos que hubo en España en el año 2019, justo antes de que estallara la pandemia, es evidente que no es estratégica, entre otras cosas porque con ese dato quedó colocada en el puesto número 166 del *ranking* de las aerolíneas que operaron en nuestro país. Considerarla estratégica supondría tener que darle el mismo calificativo a las 165 que están por encima y que operaron muchos más vuelos. Y es obvio que no hay sector económico que aguante tantas empresas clave. Aparte de que, como desvelamos en *Vozpópuli*, cuando fue rescatada apenas contaba con un avión en su flota, un A340-300 que solo había hecho dos vuelos en enero de 2021... y ninguno en febrero.

Pero en la frase del real decreto hay otro adjetivo importante que directamente nos lleva a una segunda evidencia de prevaricación. El fondo está creado para ayudar a empresas «solventes» que, como consecuencia de la pandemia, estuvieran atravesando serias dificultades. Y con la evolución histórica de los datos financieros de Plus Ultra queda claro que jamás podría ser considerada una empresa «solvente» antes de que estallara la crisis del coronavirus. La compañía, creada en 2011, siempre ha dado pérdidas... y la prueba de su falta de solvencia es que en agosto de 2020 acudió a pedir ayuda a la banca española y solicitó un crédito ICO, pero Santander, BBVA y Bankinter se lo denegaron por el alto riesgo de impago.

En el ejercicio 2019, el último completo antes de la pandemia, Plus Ultra facturó 63,5 millones de euros y tuvo un resultado negativo de 2,1 millones. Un año antes, en 2018, sus números rojos alcanzaron los 6,7 millones. A finales de 2017, la compañía fue salvada con un préstamo que le concedió un banco panameño y gracias al cual evitó entrar en causa de disolución.

Es obvio, por tanto, que los problemas de Plus Ultra no se derivan del coronavirus, como también exige el real decreto. Pero es que además se da la paradoja de que, desde que estalló la pandemia, la empresa comenzó a incrementar su negocio debido a la realización de vuelos de transporte de material sanitario desde China. Como solo tenían un avión, y ante la prohibición de llevar pasajeros por las restricciones de movilidad, Plus Ultra se adaptó rápidamente y comenzó a darle otro uso al aparato. Así pues, en 2020 redujo sus vuelos un 55 % debido al coronavirus (369 en total), pero, sin embargo, sus ingresos aumentaron un 48 % y la facturación se disparó hasta los 94 millones de euros. No obstante, el ejercicio cerró igualmente con pérdidas: 2,78 millones.

Además de no ser estratégica, de no ser solvente y de no tener problemas derivados del coronavirus, en Plus Ultra encontramos también una desmesura respecto al dinero concedido. El decreto establece que las ayudas deben regirse por los principios de «proporcionalidad, igualdad de trato y protección del interés general» y, sin embargo, no parece que el primer requisito se haya cumplido si nos atenemos al primer rescate del Gobierno, que fue a la aerolínea Air Europa. En su caso, la compañía de la familia Hidalgo recibió una ayuda de 475 millones de euros. Dado que esa empresa operó 165.000 vuelos en 2019, Plus Ultra debería haber recibido 2,4 millones siguiendo la misma proporción, pues apenas operó 823 viajes. Es más, la ayuda a la aerolínea hispano-venezolana suponía casi el total de su facturación de un año normal, mientras que en el caso de Air Europa el crédito solo cubría el 26 % de sus ingresos anuales.

En cuanto a la «protección del interés general», también llama la atención que una aerolínea que apenas vuela y que solo mantiene rutas con Caracas, Lima y Quito supere ese listón, y máxime si tenemos en cuenta el impacto que supondría su desaparición del mercado. Según establece el decreto, la empresa beneficiaria debe «justificar que un cese forzoso de su actividad tendría un elevado impacto negativo sobre la actividad económica o el empleo, a nivel nacional o regional». Se desconocen los argumentos esgrimidos por Plus Ultra ante el Gobierno, pero teniendo en cuenta que tenía 268 empleados en 2019, difícilmente su desaparición iba a suponer un grave problema para la economía española.

Y, aparte de todo ello, están las cuestiones relacionadas con la propiedad de la empresa. La primera de las cuales, y la más importante, es saber realmente de quién es la compañía, pues solo pueden beneficiarse del fondo las empresas cuya mayoría del capital esté en manos españolas.

En ese sentido, y según los últimos datos disponibles en el registro mercantil, el 56,8 % de la compañía es propiedad de empresas controladas por ciudadanos venezolanos (45,33 % Snip Aviation S. L. y 11,47 % Fly Spain S. L.). Según el presidente de Plus Ultra, Fernando García Manso, algunos de esos empresarios tienen también la nacionalidad española. Sin embargo, todo hace indicar que en realidad son los testaferros del verdadero propietario, Camilo Ibrahim, del que no consta que sea español y que sería el que estaría al final de la madeja de sociedades creadas a propósito para ocultar su nombre. De hecho, Ibrahim comparte varias firmas con los tres empresarios venezolanos propietarios de la aerolínea, y la propia Plus Ultra llegó a tener la sede en el mismo domicilio que alguna de esas compañías.

El tema de la nacionalidad de los propietarios no es un asunto menor porque, de no ser mayoritariamente española, Plus Ultra perdería su licencia como aerolínea europea, lo que reduciría sus posibles vuelos desde España a las conexiones con su país de origen, en este caso Venezuela.

La Agencia Española de Seguridad Aérea (AESA), dependiente del Ministerio de Transportes, es la encargada de dar las licencias y de velar por que se cumplan los requisitos de concesión. En el caso de Plus Ultra, la licencia europea se le concedió en 2015, pero desde entonces ha habido diversos cambios en la composición accionarial que podrían haber alterado la nacionalidad de sus propietarios. ¿Ha vigilado esto la AESA? Hasta ahora ha sido imposible saberlo porque esta agencia se niega a facilitar a la prensa información sobre el accionariado de la aerolínea, si bien la Justicia es lo primero que ha solicitado para comprobar si la empresa tiene derecho a recibir ayudas, ya que una aerolínea europea debe contar con la mayoría de su capital y más de la mitad de los asientos del consejo de administración en manos de ciudadanos de la Unión Europea.

Aparte de la nacionalidad, numerosos datos apuntan a que los propietarios de Plus Ultra no son de fiar. El real decreto establece que para recibir el crédito del Estado es obligado que la empresa concesionaria no haya sido «condenada por delitos de prevaricación, cohecho, malversación, tráfico de influencias, fraudes o delitos urbanísticos». Y, aunque es verdad que la empresa como tal no ha sido condenada (si bien en 2019 fue la segunda aerolínea que más quejas recibió de los usuarios españoles, a pesar de sus escasos vuelos), sus gestores tienen una hoja de servicios un tanto turbulenta.

Para empezar, uno de los dos empresarios españoles que en 2019 poseían la mayoría de las acciones de Plus Ultra, Fernando González Enfedaque, fue condenado en febrero de 2020 a 11 meses y 29 días de cárcel y a una multa de 1,5 millones de euros por fraude fiscal, y su pena incluía la imposibilidad de obtener ayudas públicas durante tres años.

Además, tanto González Enfedaque como su compañero Julio Martínez, que fundaron Plus Ultra en 2011, eran los responsables de la aerolínea Air Madrid cuando esta quebró en 2006, dejando a 100.000 personas tiradas en la Navidad de aquel año, y que derivó en una investigación por estafa en la Audiencia Nacional. Curiosamente, el magistrado que archivó aquella causa fue el hoy ministro del Interior, Fernando Grande-Marlaska. Este asunto de Air Madrid no es menor porque una de las condiciones para poder beneficiarse del fondo de la SEPI es no haber solicitado nunca la declaración de concurso, y resulta que tanto González como Martínez, socios mayoritarios de Plus Ultra en 2019, habían declarado en concurso de acreedores a su aerolínea anterior con un pasivo de 145 millones de euros.

Conviene recordar que la caída en desgracia de Air Madrid se produjo porque, en un momento dado, la AESA le quitó la licencia para operar debido a incumplimientos sistemáticos en materia de seguridad. Y lo curioso del asunto es que unos años más tarde España haya entregado 53 millones de euros a unos empresarios a los que ya les tuvieron que cerrar una aerolínea.

Pero es que resulta que el caso de Air Madrid no es el único precedente. Según contamos en el periódico los días posteriores al rescate, varios directivos de Plus Ultra estuvieron relacionados con la empresa Santa Bárbara Airlines (SBA), una aerolínea venezolana que también quebró en 2018 por problemas de solvencia. En concreto, el director financiero de Plus Ultra, Alejandro Delgado, fue presidente de SBA durante años, pero también estuvieron con él otros directivos como Daniel Lapera, director de Planificación en Plus Ultra, o Rafael Betancourt, responsable de Compras.

SBA formaba parte del grupo Cóndor, propietario de varias aerolíneas en la República Dominicana (Aserca, Pawa, LTA...) y que, igualmente, acabaron quebrando en 2018 después de haber recibido en el pasado numerosas ayudas públicas. Y, por si todo ello no bastara, resulta que el supervisor general de Plus Ultra, Antonio Vicente Grueso, también fue el director general de Air Asturias, una aerolínea nacida en 2007 y que apenas duró año y medio antes de cerrar. Por tanto, los responsables de Plus Ultra acumulan tres quiebras de aerolíneas a sus espaldas: Air Madrid, SBA y Air Asturias.

En *Vozpópuli* desvelamos el 15 de marzo de 2020 un testimonio desgarrador que da la medida del perfil de los gestores de Plus Ultra. Se trata de Carlos Ximénez, un jubilado que hasta 2012 había sido el director de Operaciones de la compañía. Según su relato, Julio Martínez le llegó a decir: «A estas alturas, y si hace falta, pactaremos con el diablo con tal de llegar a la meta». Y así fue como tanto Martínez como González empezaron a buscar inversores en Venezuela e Irán, y eso a pesar de que ellos están ideológicamente situados en el otro extremo, pues incluso han flirteado con Vox. «Me fui de la empresa porque empezaba a ver cosas turbias —señaló Ximénez en la referida entrevista—, no me parecía prudente entrar en compromisos con la gente de la que me hablaban».

Por otro lado, el 25 de julio de 2018 hubo una ampliación de capital en la aerolína por 2,47 millones de euros suscritos por los empresarios venezolanos Flavio Bórquez Tarff y Héctor Tobías Roye, y ambos aparecen en los denominados «papeles de Panamá» y «papeles del Paraíso» por poseer sociedades *offshore* en paraísos fiscales. De hecho, Reyes, El Arigie y Bórquez son directivos desde 2015 de la empresa Ann Melkin Corporation, creada en Barbados en 2009.

Y por último está la parte del accionariado ligada directamente con el chavismo a través de Camilo Ibrahim, que está muy bien relacionado tanto con la vicepresidenta de Venezuela, Delcy Rodríguez, como con la esposa de Maduro, Cilia Flores, y con Alex Saab, detenido en Cabo Verde por petición de Estados Unidos (por cierto, asesorado judicialmente por el bufete de Baltasar Garzón) y finalmente extraditado a Miami en octubre de 2021 para ser juzgado.

Saab es un abogado colombiano que, como consecuencia de una orden de busca y captura emitida por Estados Unidos, fue detenido por la Interpol el 14 de junio de 2020 en el archipiélago africano, donde el avión privado en el que viajaba hizo escala para repostar cuando se dirigía a Caracas procedente de Teherán (Irán).

La Fiscalía de Miami acusa a Saab de ser el testaferro de Maduro en una red de narcotráfico, lavado de dólares y adjudicación fraudulenta de contratos oficiales millonarios. El caso más escandaloso por el que lo acusan en Estados Unidos tiene que ver con el lavado de dinero en un proyecto firmado entre el difunto Hugo Chávez y su homólogo colombiano Juan Manuel Santos en noviembre de 2011. Al parecer, Saab quedó encargado de importar desde Ecuador y Colombia material para la Gran Misión Vivienda, un proyecto de construcción de 2,6 millones de casas para gente humilde en Venezuela. Pero nunca se construyeron a pesar de que Saab recibió 159 millones de dólares entre 2012 y 2013. De aquel contrato solo se entregó material por importe de tres millones.

Y el segundo gran escándalo que rodea a Saab tiene que ver con la escasez de alimentos en Venezuela en el año 2016 y la decisión de Maduro de centralizar la importación y distribución de productos básicos bajo los Comités Locales de Abastecimiento y Producción (CLAP). Saab era uno de los contratistas de ese operativo y, según el departamento de Justicia de Estados Unidos, lavó hasta 350 millones de dólares con ello. Según la exfiscal general de Venezuela Luisa Ortega Díaz, huida del país en 2017, Saab operaba como testaferro de Maduro en dichos negocios, en los que también estaban implicados tanto Camilo Ibrahim como Rodolfo Reyes. De hecho, a raíz de las acusaciones de Ortega Díaz, Ibrahim y Reyes fueron citados a declarar por presunta corrupción en el escándalo de los CLAP por la comisión de Contraloría de la Asamblea Nacional de Venezuela, cuando estaba en manos de la oposición en el año 2018, aunque no consta ninguna conclusión al respecto. Los empresarios, eso sí, han negado cualquier vinculación con esa trama.

Los CLAP fueron organizados desde la empresa Mass Joy Industries Ltd, de la que es propietario Smaili Abou Nassif, pareja sentimental de Delcy Rodríguez y quien también acudió con ella a Madrid en enero de 2020, cuando la vicepresidenta se vio con Ábalos en el aeropuerto.

Además, Rodolfo Reyes fue directivo de Bencorp Casa de Bolsa, una sociedad implicada en el presunto desvío de fondos de la petrolera venezolana PDVSA a cuentas en Andorra de exfuncionarios chavistas. Y también fue detenido en mayo de 2010 por simulación de operaciones bursátiles.

Los tres venezolanos propietarios de Plus Ultra (Reyes, El Arigie y Roselli) comparten dos sociedades en España con Ibrahim. Y, curiosamente, las dos tienen el domicilio social en el mismo edificio en el que Plus Ultra tuvo su sede durante varios años, desde diciembre de 2011 hasta marzo de 2020: calle Torregalindo, 1 (Madrid). La primera de esas empresas es La Compañía de Bocono y Biscucuy S. L., creada a finales de 2018 y cuyo objeto social es la «comercialización al por mayor y al por menor de todo tipo de alimentos y, en especial, de café en grano, molido, trillado o en cualquier otra forma, así como la fabricación, manipulación, envasado y tostado de todo tipo de café». A cierre del año 2019, esa sociedad contaba con un empleado, cero ingresos y resultado negativo de 28.511 euros. La segunda sociedad, creada a finales de 2020, se llama Alimentos Los Páramos S. L. y tiene el mismo objeto social.

Aparte de esas dos sociedades en España, Ibrahim, Reyes, El Arigie y Roselli también comparten negocios en Panamá y Venezuela. Y, por tanto, todas las sospechas apuntan a que los tres últimos actúan de testaferros del primero en Plus Ultra.

Ibrahim siempre ha negado cualquier vinculación con la aerolínea, aunque admite que tanto Reyes como El Arigie son sus socios en distintos proyectos. Sin embargo, esa negativa no es del todo cierta, pues está perfectamente acreditado que Ibrahim acudió a una ampliación de capital de la aerolínea en 2017 y que compró 619.963 acciones por 3,7 millones de euros, si bien parece que luego las vendió.

Fuentes diplomáticas aseguran que Ibrahim siempre ha presumido en Venezuela de ser el propietario de la aerolínea, y así se ha presentado en el pasado en cócteles y almuerzos. Varios de esos encuentros han sido con el expresidente español José Luis Rodríguez Zapatero, con quien mantiene una buena relación. De hecho, Ibrahim ha sido visto frecuentemente en la embajada española durante los últimos años, la mayoría de las veces para reunirse con Zapatero.

Según desveló el periodista Antonio Rodríguez, Ibrahim estuvo comiendo en la legación española con el embajador Juan Fernández Trigo tan solo cuatro días antes de que el Consejo de Ministros diera luz verde al rescate de Plus Ultra. Al parecer, se trató de una comida con varios empresarios venezolanos vinculados a España y, supuestamente, Ibrahim acudió en calidad de representante en Venezuela de las tiendas de Inditex.

Ese último punto, el de su relación con Inditex, es completamente cierto. Ibrahim forjó su fortuna introduciendo en su país marcas de moda extranjera. Dado que Inditex no se fiaba de Venezuela, la multinacional española eligió la fórmula de las franquicias para limitar los riesgos, e Ibrahim era el propietario de todas sus tiendas allí, llegando a controlar hasta diecinueve en el año 2020. Tras destaparse el escándalo Plus Ultra, Ibrahim cerró todos sus comercios en el país, supuestamente por indicación de la multinacional española, si bien sigue siendo el propietario de las franquicias de Inditex en la República Dominicana y Aruba.

Ibrahim, de aspecto desaliñado y tren de vida apabullante, es un tipo muy poderoso en Venezuela y perfectamente relacionado con los despachos del Gobierno. De hecho, cuando Reyes, El Arigie y Roselli entraron en Plus Ultra en el año 2017, les fue bastante sencillo doblegar la terrible burocracia venezolana y conseguir los permisos de forma meteórica para comenzar a operar en el país. Pidieron autorización para volar el 21 de diciembre de 2017 y, tres meses más tarde, el 22 de marzo de 2018, les dieron el «permiso operacional» para comenzar la ruta entre España y Venezuela.

También es realmente extraño el momento elegido por Plus Ultra para introducirse en el país caribeño: justo cuando las aerolíneas europeas decidieron reducir sus operaciones en Venezuela por las dificultades impuestas por Maduro para repatriar sus divisas. En un discurso en 2018, el actual presidente de la aerolínea, Fernando García Manso, daba las gracias públicamente a Maduro tras la inauguración de la ruta directa entre Madrid y Caracas: «Sin su ayuda hubiese sido casi imposible realizar el proyecto», aseguró. Además, conviene subrayar que Plus Ultra siempre ha tenido una especial relación con la aerolínea pública venezolana, Conviasa, de la que ha operado numerosos vuelos.

Una de las pruebas más claras de la vinculación entre Plus Ultra y el régimen chavista es que en buena parte del año 2021 Caracas solo autorizó a esta aerolínea para operar los vuelos entre Venezuela y España. En concreto, el 26 de marzo Maduro permitió reanudar sus trayectos a la polémica aerolínea mientras se los negaba a Iberia y Air Europa, que tuvieron que esperar al mes de noviembre, cuando por fin se les autorizó según una orden desvelada en primicia por *The Objective*.

Por cierto, curiosamente, Plus Ultra ha destinado 6,1 millones de euros del dinero de su rescate a pagar una supuesta deuda que mantenía con la petrolera pública de Venezuela, PDVSA, por consumo de combustible.

Por otro lado, y según publicó el diario *El Mundo* el

8 de abril de 2021, el Centro Nacional de Inteligencia (CNI), el servicio secreto español, llegó a investigar si los accionistas de Plus Ultra utilizaban la aerolínea para blanquear dinero. En concreto, las sospechas se dispararon en 2017, tras entrar en el capital los tres venezolanos antes referidos.

Esta sospecha de blanqueo no es excepcional. Según algunos expertos, el negocio aéreo es uno de los sectores más propicios para lavar dinero de origen ilícito porque nadie puede demostrar a ciencia cierta cuánto ha pagado cada pasajero por su billete debido a que los precios varían según múltiples variables, por lo que la compañía puede inflar cuanto quiera los ingresos «oficiales» de cada vuelo. Y esa es la explicación de que Venezuela haya sido tradicionalmente uno de los países con más aerolíneas del mundo.

8

LOS VERDADEROS RESPONSABLES DEL RESCATE

El rescate de la aerolínea Plus Ultra fue aprobado en el Consejo de Ministros del 9 de marzo de 2021 de forma solidaria, lo cual deja a todos los miembros del gabinete de Pedro Sánchez como posibles autores de un delito de prevaricación, si es que la Justicia llega algún día a confirmarlo.

No obstante, la responsabilidad de la decisión, como es obvio, no está tan repartida. Para empezar, quien llevó este asunto al Consejo de Ministros fue el Ministerio de Hacienda, que es de quien depende la Sociedad Estatal de Participaciones Industriales (SEPI). Pero, como también es fácilmente entendible, la decisión ya llegó cocinada al departamento dirigido por María Jesús Montero, pues se adoptó unos días antes en el seno de la SEPI, en concreto en una reunión del comité encargado de gestionar el fondo de ayuda a las empresas en dificultades.

Ese comité estaba integrado por cinco miembros: Bartolomé Lora, vicepresidente de la SEPI; Ana de la Cueva, secretaria de Estado de Economía; María Pilar Paneque, subsecretaria de Hacienda; Raúl Blanco, secretario general de Industria; y Sara Aagesen, secretaria de Estado de Energía. Es decir, en la decisión de conceder 53 millones de euros a Plus Ultra intervinieron personas de confianza de las ministras Nadia Calviño (Economía), María Jesús Montero (Hacienda), Reyes Maroto (Industria) y Teresa Ribera (Energía).

Según establece el real decreto que regula el fondo, la SEPI puede solicitar informes a «expertos independientes» para comprobar que los datos aportados por la empresa son ciertos. Y, en el caso de Plus Ultra, la decisión del rescate fue adoptada por ese comité tras estudiar la solicitud presentada por la aerolínea y cuatro informes elaborados por la Agencia Estatal de Seguridad Aérea (AESA), la Dirección General de Aviación Civil y las consultoras Daiwa Corporate Advisory y Deloitte.

Lo primero que conviene subrayar es que, de los cuatro informes supuestamente «independientes», dos fueron elaborados por organismos tutelados por el Ministerio de Transportes, de ahí que su titular por entonces, José Luis Ábalos, también haya quedado señalado por la decisión de conceder el rescate.

El real decreto obliga a elaborar actas de las reuniones en que se deciden los rescates, pero el Gobierno se ha negado sistemáticamente a entregarlas. Como tampoco ha querido publicar íntegramente los cuatro informes, si bien se los ha enviado a la Comisión Europea tras la investigación abierta por las denuncias de PP y Ciudadanos.

Del contenido de esos documentos que se ha podido conocer hasta ahora, resultan muy llamativos algunos pasajes. En el caso de la AESA, su informe defiende la ayuda a Plus Ultra como «necesaria» para que no quiebre la empresa, pero se admite que su desaparición no afectaría a las comunicaciones aéreas con Venezuela, Ecuador y Perú, que son los tres países con los que mantenía rutas desde Madrid. «Lo más probable es que la demanda desatendida fuese capturada por otras compañías latinoamericanas», se llega a especificar en el apartado 25 del informe, lo cual deja en evidencia el argumento de los que defienden que Plus Ultra es estratégica.

El documento elaborado por Aviación Civil es del

mismo tenor. Se defiende el rescate con el argumento de que la empresa cumple los requisitos previstos por el real decreto, pero constata que «los datos muestran que su presencia en el *hub* madrileño es minoritaria (1,5 % de los pasajeros en 2019), muy por debajo de las grandes compañías tanto españolas (Iberia y Air Europa) como latinoamericanas que ofrecen conexiones regulares desde sus países de bandera hacia Madrid (Avianca, Latam, Aeroméxico y Aerolíneas Argentinas) y los turoperadores Evelop y Wamos Air». A pesar de ello, el informe destaca la importancia de las «compañías de nicho» dentro del sector aéreo y justifica los pobres resultados económicos de la empresa con el argumento de que se encuentra en sus primeros años de vida.

El texto de la consultora Daiwa Corporate Advisory es, sin duda, el más polémico, pues defiende abiertamente que Plus Ultra es una empresa estratégica «por la relevancia para la economía española en términos de PIB y empleo del turismo, estrechamente relacionado con el sector en el que opera la compañía». Según ese informe, cualquier empresa del sector del turismo, por pequeña que sea, debe ser considerada estratégica y, por tanto, salvada por el Gobierno.

Además, lo poco que se ha podido conocer del informe de Daiwa contiene frases muy discutibles: «La cuantía solicitada es suficiente y la compañía cumple con los compromisos asumidos», «El plan de viabilidad y el calendario de repagos son razonables», «La desaparición de Plus Ultra implicaría la desaparición de otra compañía española con licencia tipo A (transporte de pasajeros en aviones de gran tamaño), cuando ya España tiene un número inferior a otros países», «Las compañías de pequeño tamaño juegan un papel relevante, puesto que cubren nichos de mercado complementarios a los servicios que proporcionan las compañías grandes»...

Resulta llamativo que la SEPI contactase con Daiwa como «experto independiente», pues no consta que suela realizar trabajos para el organismo público ni que esta empresa esté especializada en el sector aéreo. Daiwa, también conocida como DC Advisory, es una consultora internacional que en España tiene una pequeña oficina en la que trabajan una veintena de personas. El jefe en Madrid es León Benelbas, un viejo conocido del PSOE. Durante los primeros gobiernos de Felipe González ocupó dos cargos importantes en el Ministerio de Economía de Carlos Solchaga: subdirector general de Planificación Económica y director general de Seguros y Planes de Pensiones. Benelbas es actualmente miembro destacado de la fundación Pluralismo y Convivencia, un chiringuito que fomenta la diversidad religiosa y que recibió numerosas subvenciones del Gobierno de José Luis Rodríguez Zapatero. Tras la sequía de los tiempos de Mariano Rajoy, ha vuelto a percibir 440.000 euros desde que Sánchez está en la Moncloa.

Pero el caso Plus Ultra no es el único escándalo en el que Benelbas se ha visto involucrado en los últimos tiempos. En el año 2010 llegó a estar imputado como directivo de la consultora Atlas Capital por un presunto desvío de 600.000 euros de fondos públicos del Gobierno balear en el denominado «caso Bomsai», un entramado de corrupción en torno a la Consellería de Sanidad. Sin embargo, la causa tuvo que archivarse al retirar su acusación el nuevo Ejecutivo balear comandado por la socialista Francina Armengol.

Finalmente, el cuarto informe valorado por la SEPI, el de Deloitte, sirvió para constatar que la empresa no incurría en ninguna irregularidad que le impidiese la obtención de las ayudas: «Plus Ultra no ha sido condenada en sentencia firme a la pena de pérdida de la posibilidad de obtener subvenciones o ayudas públicas [...] y se halla al corriente de pago de sus obligaciones tributarias y frente a la Seguridad Social». Esta última frase se sostuvo a su vez en dos certificados, uno de la Agencia Tributaria y otro de la Seguridad Social, en donde se concluía que la empresa no tenía deudas pendientes.

Pero nada más lejos de la realidad. La situación de Plus Ultra a comienzos de 2021 distaba mucho de ser perfecta en relación a sus obligaciones con la Administración, pero nadie se encargó de investigarlo o, al menos, de ponerlo de manifiesto en ningún informe. Y es que en el verano de 2020 la empresa arrastraba una deuda de 457.000 euros con la Seguridad Social. Pero, curiosamente, el 5 de octubre, apenas un mes después de solicitar su rescate ante la SEPI, el Gobierno español le concedió un aplazamiento del pago de esa deuda, lo que le permitió sortear ese escollo, que hubiera hecho imposible poder aprobar la ayuda de 53 millones.

Respecto al pago de impuestos, Plus Ultra aportó a su expediente un informe de la Agencia Tributaria, de fecha 12 de enero de 2021, en donde se certifica que la empresa ha presentado sus declaraciones de impuestos correspondientes a los dos últimos años, si bien en el mismo ya se aclara que eso no significa que la Administración considere que la situación fiscal de la compañía esté en orden. De hecho, la empresa tenía entonces una deuda con el fisco español de 883.000 euros por un pago diferido del impuesto de sociedades. Además, la propia Plus Ultra informó a Hacienda en noviembre de 2020 de que debía rectificar algunas de sus cifras presentadas anteriormente, pero no consta que nadie advirtiera estas «correcciones» a la hora de valorar el rescate público.

Además de todo ello, el Gobierno tenía datos concretos de irregularidades laborales en la empresa durante el año 2020. La Inspección de Trabajo se personó en Plus Ultra los días 29 de octubre y 3 y 10 de noviembre ante las sospechas de que la compañía, acogida a un Expediente de Regulación Temporal de Empleo (ERTE), no estuviese cumpliendo adecuadamente con la ley. Según estableció el informe de la inspección, se «vulneró gravemente la prohibición de dar ocupación a los trabajadores afectados por las medidas de reducción de jornada comunicadas a la autoridad laboral y a la entidad gestora de las prestaciones por desempleo». Además, se constató que algunos trabajadores estaban «disfrutando fraudulentamente» de prestaciones de desempleo, por lo que la inspección apuntaba a «una infracción muy grave cuya sanción podría ascender a entre 6.251 y 187.515 euros». Pero nada de esto se tuvo en cuenta al tomar la decisión del rescate.

Aparte de los cuatro informes anteriormente citados, el comité de la SEPI estudió la prolija solicitud de Plus

Ultra, en donde se incluía un apartado elaborado por la consultora Price Waterhouse Coopers (PWC) en el que se argumentaba que, a 31 de diciembre de 2019, la empresa no estaba en situación técnica de crisis. La consideración de «empresa en crisis», que es uno de los factores que supone la exclusión automática de las ayudas, está regulada a nivel europeo y se determina a través del cálculo de varias ratios financieras. Según subrayan fuentes de PWC, Plus Ultra cumplía con los requisitos mínimos exigidos, pero esas ratios se calcularon con los datos financieros aportados por la propia empresa. Dicho de otro modo, PWC se limitó a hacer las sumas y las divisiones, pero con unos números que le entregaron y que no pudo verificar. Quien sí podría haber constatado la veracidad de esos números hubiera sido Audicar S. L., que es la empresa que lleva auditando las cuentas de Plus Ultra desde 2018, pero la SEPI no consideró necesario pedirle informe alguno para evaluar la solvencia de la empresa.

Este asunto es importante, pues la consideración de «empresa en crisis» es algo muy tasado a nivel europeo y, si se demuestra que las ratios estaban mal calculadas, sería la forma más sencilla de confirmar que Plus Ultra no cumplía los requisitos para ser rescatada.

Según las normas europeas sobre ayudas estatales, se

considera que una empresa está en crisis si concurre al menos una de las siguientes circunstancias: cuando las pérdidas acumuladas se hayan «comido» más de la mitad de su capital social o de sus fondos propios, cuando la empresa se encuentre inmersa en un procedimiento de quiebra o cuando en los dos años anteriores la ratio deuda/capital haya sido superior a 7,5 y la ratio de cobertura de intereses en relación al Ebitda se haya situado por debajo de 1.

En el caso de Plus Ultra, y en virtud de los cálculos realizados por PWC, no era una empresa en crisis a 31 de diciembre de 2019: su patrimonio neto, incluidos los préstamos participativos, representaba en esa fecha el 63 % de su capital social, no estaba en causa de disolución ni había solicitado declaración de concurso y cumplía ampliamente con las ratios de deuda/capital (0,13) y Ebitda/intereses (2,27).

Esos cálculos arrojaron un resultado positivo gracias a que la aerolínea consiguió un préstamo participativo de 6,3 millones de euros de un banco panameño llamado Panacorp Casa de Valores. Sin embargo, el eurodiputado Luis Garicano ha denunciado que se trata de un préstamo simulado para evitar que Plus Ultra fuera considerada empresa en crisis al pedir el rescate. Es decir, se realizó una maniobra contable para hacer creer que contaba con más capital del que realmente tenía a 31 de diciembre de 2019. De no haber existido ese préstamo, la aerolínea hubiera entrado automáticamente en causa de disolución al haber cumplido el primer criterio fijado por la Unión Europea para ser considerada como empresa en crisis (las pérdidas hubieran dejado el patrimonio neto en una cantidad inferior a la mitad del capital social) y, por tanto, nunca hubiera podido aspirar a ser rescatada con el fondo creado para las compañías sanas que se hundieron por culpa de la COVID.

La teoría de la treta contable se acrecienta si se tiene en cuenta que el banco que concedió ese préstamo está vinculado a Rodolfo Reyes, que es uno de los propietarios de Plus Ultra, y su director es Mohamed Ibrahim Ibrahim, sobrino de Camilo Ibrahim. Tanto Reyes como Camilo Ibrahim figuran en otras sociedades panameñas junto al presidente de Panacorp, Alcides Carrión.

Mohamed Ibrahim también es director de Meridianiq, una empresa presidida por Luis Ibrahim, hermano de Camilo y que a su vez es presidente de Phoenix World Trade, que es la sociedad a través de la cual este controlaba las franquicias de Inditex en Venezuela.

En el consejo de Panacorp también está presente María Aurora López López, una española que compró 474.332 acciones de Plus Ultra en la ampliación de capital que hubo en 2018, con un desembolso total de 2,9 millones de euros. López comparte una sociedad en España con Reyes, TOC 6110 S.A.

Panacorp, además, posee bonos de la República Bolivariana de Venezuela por valor de 7,1 millones de euros y de la empresa estatal de petróleo, PDVSA, por un importe de 2,2 millones. Curiosamente, Panacorp, a su vez, también había obtenido en 2017 un préstamo de cuatro millones de euros del banco puertorriqueño Andcapital Bank, que fue la entidad que concedió 2,4 millones a los empresarios venezolanos Bórquez Tarff y Tobías Roye para entrar en el capital de Plus Ultra en 2018. Según publicó *El Confidencial*, la inteligencia de Estados Unidos cree que todo este operativo formaría parte de una trama de blanqueo de capitales auspiciada por el chavismo.

El préstamo de Panacorp a Plus Ultra, que está sujeto a un interés fijo anual del 9 %, ha sido prorrogado hasta finales de 2028 gracias a la ayuda de la SEPI, por lo que una parte de los 53 millones servirán para pagar a Panacorp durante estos años. Según Garicano, existe un «alto riesgo de que los millones no sean devueltos y desaparezcan en una cuenta en Panamá», por lo que ha pedido a las autoridades europeas que eviten que «los propietarios de la empresa utilicen el rescate para pagar las deudas que tienen con empresas que ellos mismos controlan». El préstamo de Panacorp a Plus Ultra se otorgó en 2017, justo el mismo año en que los venezolanos Reyes, El Arigie y Roselli entraron en la compañía.

Por otro lado, resulta especialmente hiriente la fórmula elegida por el Gobierno para salvar la aerolínea, pues se descartó, al contrario que en Duro Felguera, tomar una parte del capital o nombrar consejeros. Es decir, nadie supervisará desde dentro el uso del dinero público y, al tratarse de un préstamo participativo, el Estado solo lo recuperará en el hipotético caso de que la empresa tenga beneficios algún día. Además, si se produce la disolución de la compañía, como pasó con Air Madrid, que era de los mismos propietarios, la ley establece que los acreedores con créditos participativos serán los últimos en cobrar sus deudas, si es que quedase algo que repartir después de liquidar los activos, pues se trata de deuda subordinada. Es decir, el Ejecutivo no parece haber tenido mucho interés en buscar una fórmula que le permita garantizar la devolución del dinero.

Y otro asunto tampoco menor es que, al tratarse de

una ayuda inferior a 250 millones de euros, en teoría la Unión Europea va a tener muy complicado poder tumbarla, pues ese es el límite a partir del cual el departamento de Competencia de la Comisión Europea entra de oficio a vigilar las ayudas relacionadas con el fondo del coronavirus. A pesar de ello, tanto el Partido Popular como Ciudadanos han instado al Ejecutivo comunitario a que tome cartas en el asunto, pero de momento sin mucho éxito.

Al margen de lo que dilucide la Unión Europea, el caso se ha judicializado en España gracias a una denuncia presentada por el pseudosindicato Manos Limpias, pero donde también se han personado como acusaciones los partidos PP y Vox. La titular del Juzgado de instrucción número 15 de Madrid, Esperanza Collazos, ha abierto una investigación contra Bartolomé Lora y el resto del consejo de administración de la SEPI por un supuesto delito de malversación de fondos públicos, tráfico de influencias y cohecho.

Una de las primeras medidas que adoptó el juzgado fue reclamar a la aerolínea un acta de titularidad real de las acciones. Asimismo, se pidió a la SEPI el expediente completo, las actas de sus reuniones, los informes..., pero la Abogacía del Estado, siempre tan fiel al Gobierno, se opuso desde el principio a seguir adelante con la causa.

Una de las medidas solicitadas por la jueza fue la elaboración de un informe pericial, encargado a Martín Molina Abogados y Economistas. En dicho informe se cuestiona la viabilidad de la compañía con datos de 2020 y se apunta directamente a la posible alteración de las cuentas a través del crédito con Panacorp.

Respecto a las actas de la SEPI, la información aportada al juzgado revela que el caso Plus Ultra fue abordado en cuatro reuniones del Consejo Gestor (9 y 23 de febrero y 2 y 3 de marzo) y que en ellas también estuvieron presentes el director de Empresas Participadas de la SEPI, José Ángel Partearroyo, su subdirectora, Caridad de Andrés, el director de Asuntos Jurídicos, Francisco Javier Loriente, y el secretario de Estado de Turismo, Fernando Valdés.

La jueza suspendió en julio de 2021 de manera cautelar la concesión de la segunda parte del préstamo a Plus Ultra, pero finalmente acabó desbloqueándolo el 9 de agosto para no perjudicar a la empresa mientras dura la instrucción judicial.

Aparte de ello, Vox presentó una querella ante el Tribunal Supremo el 24 de marzo contra el presidente del

Gobierno, Pedro Sánchez, y las ministras de Hacienda, María Jesús Montero, e Industria, Reyes Maroto, por los presuntos delitos de malversación y prevaricación. Sin embargo, el Alto Tribunal archivó la iniciativa en junio al no apreciar indicios de delito en los miembros del Gobierno, dejando, eso sí, abierta la puerta a que se pueda determinar en la Justicia ordinaria algún otro tipo de responsabilidad en personas que no estén aforadas.

De igual manera, el Tribunal de Cuentas también archivó en verano la investigación iniciada a raíz de una denuncia presentada por Ciudadanos por el presunto menoscabo de fondos públicos.

9

UN MINISTRO
BAJO SOSPECHA

La figura del exministro de Transportes José Luis Ábalos (Torrente, Valencia, 1959) siempre ha sobrevolado todo lo que tiene que ver con las relaciones entre el Gobierno de Pedro Sánchez y Venezuela. Hasta su caída en julio de 2021 (salida del Gobierno y de la dirección del PSOE), el político valenciano era una de las tres o cuatro personas de más confianza del presidente español. De hecho, él mismo se ufanaba de ello a menudo.

Ábalos fue clave para conseguir el apoyo de la militancia socialista de la Comunidad Valenciana para la candidatura de Sánchez como secretario general del PSOE. Y este le recompensó primero como secretario de

Organización del partido y, posteriormente, como ministro de Transportes. La elección de ese ministerio no es casual. Hay una larga tradición en España de dar ese puesto en el Gobierno al hombre más poderoso en el partido. Ejemplos de ello fueron José Blanco (PSOE) o Francisco Álvarez Cascos (PP). ¿Por qué? Teniendo en cuenta que el ministerio encargado de la obra pública es normalmente el que mayor presupuesto maneja de todo el gabinete, es fácil sospechar que en los procesos de adjudicación alguna tajada se suele desviar para financiar el partido, si bien es verdad que nunca se ha podido demostrar ninguna irregularidad a nivel nacional. No así en las capas administrativas inferiores, comunidades autónomas y ayuntamientos, donde los departamentos de obras públicas siempre han sido un nido de corrupción. Pero Transportes también es uno de los ministerios que más dinero gasta en publicidad institucional, y eso es clave para controlar los medios de comunicación, y el que más empresas estatales gestiona, lo cual ofrece innumerables oportunidades para ir colocando a los compañeros de partido e ir pagando favores.

El político valenciano es un socialista poco común. Ideológicamente siempre ha sido más bien conservador y en los temas de Estado no tiene ninguna duda en defender la unidad de España. Al menos eso es lo que él se ha encargado de transmitir a todo el que le ha querido oír desde que inició su etapa junto a Sánchez. Ese discurso españolista, al menos en privado, le permitió ir ganándose la confianza de los principales periodistas de los medios conservadores, a los que fue regando de dinero público, vía publicidad institucional, una vez que llegó al ministerio. De esa forma, Ábalos se convirtió en el ministro mejor valorado por algunos directores de periódico, a pesar de que todo lo que siempre le rodeó olía mal.

Aunque es diplomado en Magisterio y alguna vez llegó a dar clases como maestro de primaria, su vida profesional lleva tres décadas ligada al PSOE. No es un hombre al que le gusten excesivamente los lujos, pero dada su situación familiar (tres matrimonios y cinco hijos), siempre ha necesitado grandes sumas de dinero para poder subsistir.

Cuando llega a la sede central del partido como secretario de Organización, Santos Cerdán, otro de los hombres de confianza de Sánchez, le recomienda la contratación de Koldo García Izaguirre como asistente personal. Cerdán conocía a García de su Navarra natal, donde había empezado a destacar dentro del partido como chico para todo. García, que no tiene estudios y cuyo historial laboral arrancó como portero de algunos locales turbios en Pamplona, enseguida se gana la confianza de Ábalos y este, cuando es nombrado ministro, se lo lleva como miembro de su gabinete. Pero es que además lo coloca, entre otras bicocas, como consejero de la empresa pública Renfe Mercancías, escándalo que también desvelamos en *Vozpópuli* cuando hicimos famoso a García al publicar que había sido el que, en su coche particular, había trasladado al ministro a Barajas la noche del Delcygate.

La vida de García es un culebrón en sí misma. La noche navarra lo unió a Cerdán, quien acabó fichándolo de chófer del partido. Luego le propuso ir de relleno en la lista de las elecciones municipales en la localidad de Huarte, donde terminó de concejal por una serie de rebotes. Cuando Ábalos se hizo cargo de la secretaría de Organización del PSOE, se incorporó como escolta y conductor ocasional. Y, finalmente, cuando el dirigente socialista entró en el Gobierno, se lo llevó de asesor, dentro de los puestos de libre designación que suelen tener los ministros. A él y a su mujer, Patricia Úriz, a la que también colocó como ayudante de secretaria en el ministerio.

Cuando estalló el Delcygate, y en respuesta a una pregunta parlamentaria, Ábalos justificó la contratación de

García porque «salvó la vida de dos policías». Y algo parecido también debía de pensar sobre él Pedro Sánchez, pues el 23 de junio de 2014 le dedicó un artículo en la red social Facebook. Bajo el título «El último aizkolari socialista; un titán contra los desahucios», el presidente del Gobierno afirmaba que García es «uno de los gigantes de la militancia en tierras navarras» y «un guerrillero de grandes dimensiones físicas, y corazón comprometido, que es un referente político en la lucha contra los efectos de la crisis y las políticas de la derecha». Y terminaba así: «Un inagotable aizkolari contra las injusticias, un ejemplo para la militancia». A pesar de esos elogios, García también fue destituido de todos sus cargos en cuanto Ábalos salió del Gobierno.

La historia de García está plagada de episodios truculentos, hasta el punto de que ha sido condenado dos veces por agresiones. La primera de ellas, en 1991, fue en el Juzgado de lo Penal número 3 de Pamplona y le acarreó una pena de dos años y cuatro meses de cárcel y la suspensión de todo cargo público por un delito de lesiones, aunque luego fue indultado en 1996 por el Gobierno del PP. Y en 2011 fue condenado por el Juzgado de instrucción número 1 de Pamplona a una multa de 900 euros por haber agredido a un menor de edad que había entrado en un bar con una camiseta con la palabra «Independentzia» la noche que España ganó el mundial de fútbol. Acabaron los dos por los suelos en una pelea.

Por si eso fuera poco, García participó en una trifulca que tuvo el ministro en un pub de Mérida en febrero de 2019. Y, cómo no, también apareció en escena unos meses más tarde del Delcygate cuando se destapó la famosa juerga de Ábalos en las islas Canarias, en noviembre de 2020.

El diario *ABC* había destapado que, tras una serie de actos oficiales en Las Palmas y Tenerife debido a una crisis migratoria, Ábalos había pasado un fin de semana con su familia y su séquito en dos hoteles de lujo (Palacio de Isora y Santa Catalina) tras ir a visitar un viernes un centro de inmigrantes en Arguineguín. La noticia puso el acento en la doble moral del ministro, capaz de organizarse una breve visita a los inmigrantes con tal de tener una excusa para, en mitad de la pandemia y con restricciones de movilidad en toda España, poder pasar unos días de asueto.

Pero el problema de aquel viaje iba mucho más allá de la doble moral. Como destapó posteriormente mi compañero Antonio Rodríguez, García llegó a pagar en metálico y con billetes de 500 euros una factura de gastos de 1.800 euros que incluía un masaje para Ábalos y diversas bebidas alcohólicas, entre ellas varias botellas de champán de la marca Moët & Chandon. Según supimos más tarde, ese día era el cumpleaños de uno de sus escoltas y decidieron celebrarlo por todo lo alto.

Lo sorprendente, aparte de la juerga en sí, fue cómo en España nadie pareció escandalizarse por el asunto. Se descubre que un asesor del Ministerio de Transportes ha pagado gastos particulares de un ministro con billetes de 500 euros sacados de un sobre... y casi nadie se cuestiona de dónde ha salido el dinero y quién ha pagado realmente la fiesta. Ábalos, obviamente, salió al paso de las informaciones diciendo que no se había utilizado dinero público.

En respuesta a preguntas del PP, el Gobierno contestó en febrero de 2021 que el coste oficial del viaje (ministro, jefe de gabinete, dos asesores y dos escoltas) fue de 7.150 euros, al tiempo que negó que se hubiera abonado partida alguna al margen de la agenda oficial. Según Ábalos, el alojamiento de su mujer y de dos de sus hijos lo pagó de su bolsillo: 381 euros por dormir en Tenerife y 168 por el hotel en Gran Canaria. No obstante, el PP siguió preguntando en días posteriores si se habían utilizado fondos reservados en ese viaje.

La versión de Ábalos deja muchas lagunas sobre lo ocurrido. Si los gastos eran particulares, ¿por qué los pagó su asesor? ¿Y por qué se pagaron en efectivo en lugar de usar la típica tarjeta de crédito? En este punto conviene recordar que el propio Gobierno del PSOE puso en marcha un cambio en la legislación española para evitar los pagos en efectivo superiores a 1.000 euros con la idea de combatir el lavado de dinero negro. ¿Qué hacía un ministro de España moviéndose con grandes sumas de dinero en efectivo? ¿De dónde sacó ese dinero?

Las respuestas pueden ser muy variadas, pero fuentes del Ministerio de Transportes confirman que durante el mandato de Ábalos se siguieron procedimientos un tanto *sui generis* a la hora de justificar los gastos del ministro. De hecho, era habitual que García se dotase de grandes sumas de dinero en efectivo antes de cualquier viaje para ir pagando los gastos que fueran surgiendo. La duda está en saber si tanto Ábalos como García fueron lo suficientemente escrupulosos a la hora de separar los gastos particulares de los oficiales.

García solía viajar con tres sobres con dinero en efectivo. Uno para pagar los gastos del ministerio, otro para saldar las facturas relacionadas con el partido y un tercero para los gastillos del propio ministro. Extraño método en un mundo tan digitalizado, pero todo es posible. Como nunca se pudo crear una comisión de investigación en el Parlamento para aclarar el asunto, nos quedamos con las ganas de saber si García llevaba bien las cuentas.

Según señalan desde el ministerio, Ábalos siempre fue muy dado a abusar de los viajes. Tenía tendencia a estirar al máximo las visitas, sobre todo si se trataba de ir a las islas, y en esas ocasiones solía viajar con más séquito que otros compañeros. De hecho, no es lo habitual que un ministro se mueva por España con cinco acompañantes, como en el caso del viaje a Canarias. Precisamente, en esa ocasión hubo otro miembro del Gobierno que actuó de manera muy diferente. Fue José Luis Escrivá, titular de Seguridad Social: llegó el jueves con menos séquito, compartió agenda con Ábalos el viernes y regresó a Madrid el sábado.

Por supuesto, Ábalos está en todo su derecho de beber Moët & Chandon siempre que lo desee, sobre todo si lo paga él, pero la sola publicación de semejantes detalles hubiera provocado en cualquier país europeo una tormenta política de consecuencias imprevisibles. Que el mismo día que visitó el muelle de Arguineguín, donde se hacinaban los inmigrantes llegados en pateras, lo *celebra-se* por todo lo alto no deja de ser chocante, y más todavía si el que pagó la factura lo hizo con un fajo de billetes en plan siciliano.

Koldo García y José Luis Ábalos son inseparables, incluso aunque el segundo haya dejado de ser ministro. La prueba es que entre ambos visitaron once países en los tres meses siguientes a su salida del Gobierno, entre ellos la República Dominicana y Guinea Ecuatorial, si bien se desconoce todavía por qué motivo viajan tanto. Y eso a pesar de que García tiene concedida desde hace años una invalidez parcial por una discapacidad en los dedos de un pie que, supuestamente, no le permite andar con norma-lidad. «Trabajaba con permiso de la Seguridad Social», se justifican desde el Ministerio de Transportes. En su mo-mento pidió la invalidez completa, pero no se la dieron y llegó a pleitear.

Oficialmente, y según se han encargado de airear des-de el Palacio de la Moncloa, Ábalos tuvo que salir del Gobierno debido a su vida disoluta, como desveló la pe-riodista Ketty Garat en *The Objective*. Sin embargo, otras fuentes apuntan también a diversos informes del Centro Nacional de Inteligencia (CNI) en donde supues-tamente se mencionan hechos más graves.

Como desvelamos en su día en *Vozpópuli*, Ábalos aprovechó la pandemia para controlar personalmente buena parte de las compras de material sanitario que hizo el Gobierno en las primeras semanas de coronavirus. Gracias al estado de alarma, se pudieron gastar ingentes sumas de dinero sin seguir las tradicionales normas de contratación. Se suprimieron los concursos públicos y reinó la adjudicación directa.

El 14 de marzo de 2020, cuando el Ejecutivo aprobó oficialmente el estado de alarma, España pasó a tener un mando único administrativo, al frente del cual estaba el presidente del Gobierno. Sin embargo, según el decreto aprobado ese día, ese poder se delegaba en cuatro de sus ministros: Margarita Robles (Defensa), Fernando Grande-Marlaska (Interior), José Luis Ábalos (Transportes) y Salvador Illa (Sanidad).

Gracias a ese poder delegado, Ábalos firmó una orden ministerial el 20 de marzo en la que el Ministerio de Transportes asumía la compra de mascarillas. Hasta ese día, era Sanidad quien llevaba el peso de la contratación de material sanitario y no sin dificultades, porque el organismo dirigido por Illa apenas contaba con personal y recursos suficientes para afrontar una crisis de tanta magnitud: su ministerio se había quedado escuálido al haber ido transfiriendo durante años las competencias sanitarias a las comunidades autónomas.

Por tanto, el Boletín Oficial del Estado publicó la orden de Ábalos el sábado 21 de marzo. En teoría, esa instrucción era para regular la compra y distribución de mascarillas por parte del Ministerio de Transportes con el objetivo de garantizar el tránsito de mercancías y viajeros en condiciones adecuadas durante la vigencia del estado de alarma.

El problema es que, al haberse suprimido las tradicionales normas de adjudicación de contratos en la Administración, la compra se hizo mediante adquisición centralizada, adjudicación directa y tramitación de emergencia. Es decir, se concedieron los contratos a dedo y se redujeron a la mínima expresión la transparencia y el control sobre los mismos.

Y luego pasa lo que pasa. El 14 de abril de 2020, *Vozpópuli* abría su edición con el siguiente titular: «El Ministerio de Transportes compra ocho millones de mascarillas a una empresa sin experiencia en material sanitario». La información estaba firmada por los periodistas Alberto Sanz, Antonio Rodríguez y Gonzalo Araluce.

Resultó que, en virtud de la orden ministerial del 20 de

marzo, el ministerio dirigido por Ábalos había ordenado la compra de ocho millones de mascarillas a la empresa pública Puertos del Estado... y esa compra se adjudicó a Soluciones de Gestión y Apoyo de Empresas S. L., una sociedad completamente desconocida en el sector sanitario español y dedicada a la ejecución de proyectos en África.

La compañía, con sede en Zaragoza, ofrece supuestamente asesoramiento técnico a empresas en campos como la salud, la energía o las infraestructuras agrícolas, y opera en países como Mauritania o Túnez. No obstante, en abril de 2020, que es cuando fue contratada, la empresa llevaba casi tres años sin comunicar ningún proyecto, desde que participó en la construcción de una central eléctrica en Angola en agosto de 2017.

Todo lo que rodea a la empresa Soluciones de Gestión huele especialmente mal. Pese a contar con apenas cinco trabajadores, según los datos del Registro Mercantil, logró contratos del Gobierno para la compra de material sanitario valorados en 40,5 millones de euros: dos de ellos del Ministerio de Transportes y otro del de Interior por recomendación del equipo de Ábalos, según confesó Marlaska en una respuesta parlamentaria.

El primer contrato se hizo a través de Puertos del Estado (24,2 millones de euros por ocho millones de mascarillas), el segundo a través de Adif, el gestor de las infraestructuras ferroviarias (12,5 millones de euros por cinco millones de mascarillas) y el tercero fue obra de Interior (3,48 millones de euros por un millón de mascarillas). Las adjudicaciones se hicieron a dedo y con una sola oferta presentada. En el caso del departamento de Marlaska, lo más sorprendente es que la entrega de la oferta por parte de Soluciones de Gestión se hizo en mano, una práctica casi erradicada en la Administración General del Estado, pues la totalidad de las empresas utilizan la vía electrónica cuando entregan la documentación.

Así pues, una compañía que apenas había facturado 100.000 euros en sus últimas cuentas publicadas y que había arrojado unos números rojos de 1,1 millones de euros (año 2018), pasó a convertirse en uno de los principales proveedores de mascarillas del Gobierno. Sin tener una gran experiencia en el sector y sin producir directamente el material, su misión se limitó a intermediar con China, pero tampoco constaba que tuviera especiales vínculos con aquel país.

El Ministerio de Transportes y Puertos del Estado nunca aclararon por qué se recurrió a esta empresa. Pero las principales firmas del sector sanitario español, y en especial las que se habían dedicado tradicionalmente a importar material desde China, dieron de inmediato la voz de alarma y expresaron su malestar al Gobierno, lo que acabó provocando que en los meses sucesivos el Ejecutivo fuera un poco más cauto en la adjudicación a dedo de contratos y diversificara el número de proveedores.

El accionista mayoritario de Soluciones de Gestión es Erromar Soluciones, con sede en Guecho (Bilbao). Y el administrador único de esta sociedad es Purdey Investment, a quien representa José Ángel Escorial Senante. Según publicó *El Mundo*, Escorial fundó dos empresas *offshore* en Malta en septiembre de 2008: Delta Advisory and Management Services Limited y Arce Investment Consulting Limited. Además, Escorial se presenta en las redes como consejero de un fondo especializado en el sector inmobiliario, Goya Global Holding, y es consejero delegado de la empresa Malta Capital, aunque no tiene actividad actualmente.

El día 16 de abril de 2020, *Vozpópuli* destapó que «el proveedor de mascarillas de Ábalos es socio en Angola de una empresa procesada por corrupción». Y es que Soluciones de Gestión se involucró en dos proyectos en Angola a través de una Unión Temporal de Empresas (UTE),

Boavista II, con Cueto Comercial 92, una compañía procesada por corrupción en el caso Defex. La UTE se creó para la implantación de una central térmica flotante y para construir un centro médico en Luanda.

La empresa Cueto Comercial 92 se hizo famosa en mayo de 2019 porque el magistrado José de la Mata la involucró en el presunto desvío y apropiación de fondos en contratos de suministro de material policial. El juez detalló que existían indicios sólidos de que esa sociedad y Defex, empresa pública española de venta de armas, mantenían una operativa en Angola para «contratos públicos mediante el pago de comisiones ilícitas a autoridades y funcionarios públicos angoleños». Curiosamente, la oficina de Soluciones de Gestión en Madrid está en el mismo edificio que la de Cueto.

Pese a las reiteradas consultas al Portal de la Transparencia y reclamaciones de información a las diferentes administraciones, los pliegos de estos contratos y los detalles de Soluciones de Gestión siguen siendo un misterio.

El escándalo de las mascarillas, unido al Delcygate y posteriormente a su participación en el rescate de Plus Ultra, han dejado a Ábalos con la permanente sombra de la corrupción a sus espaldas, si bien es cierto que todavía no se ha conseguido demostrar ninguna ilegalidad en los tribunales y tampoco está claro si actuaba por interés propio o para beneficio de su partido. En este sentido, resulta extraño que Sánchez le echase del Gobierno y del PSOE, pero le haya permitido conservar el escaño en el Congreso de los Diputados, por lo que Ábalos mantiene el aforamiento y solo podría ser juzgado por el Tribunal Supremo.

Uno de los pasajes más extraños de su vida tiene que ver con su pasado como cooperante en Colombia, Chile y Perú, cuando algunos incluso le llamaban «comandante». Todo viene de cuando fue director del programa de Cooperación y Solidaridad Norte-Sur del Gobierno valenciano y luego terminó creando la Fundación Internacional de Apoyo al Desarrollo Local y Social (Fiadelso), una especie de ONG para proyectos en Latinoamérica que fue regada durante años con cuantiosas subvenciones públicas.

De sus vínculos con Latinoamérica mantiene buenos amigos, entre ellos Ángel Martín Peccis, un español que llevaba quince años trabajando en Colombia hasta que Ábalos logró convencer a la ministra de Exteriores, Arancha González Laya, para que lo nombrara embajador de España en La Habana en noviembre de 2020. Uno de los hijos mayores de Ábalos también sigue muy vinculado a Latinoamérica y pasa largas temporadas allí.

Sobre Venezuela, no constan especiales relaciones ni tampoco viajes. Su presencia en Barajas la noche del Delcygate tuvo que ver más con un encargo directo de Sánchez que con una gestión de tipo privado. Y su participación en el escándalo Plus Ultra está todavía sin aclarar, si bien dos de los cuatro informes que sirvieron para avalar el rescate de la aerolínea fueron elaborados por organismos que dependían de él: Aviación Civil y la Agencia Estatal de Seguridad Aérea (AESA). Además, y según desveló en *The Objective* la periodista Ketty Garat, Ábalos se encontraba en Guinea justo el día que Plus Ultra recibió autorización para comenzar a operar la ruta Madrid-Malabo.

Cuando Sánchez remodela el Gobierno en julio de 2021, Ábalos no se espera el desenlace. Se sentía fuerte. Durante meses había trabajado en la sombra para conseguir que el todopoderoso Iván Redondo, el jefe de gabinete del presidente del Gobierno, saliera por fin de escena, y estaba a punto de cobrarse la pieza. Pero, de repente, él también cae.

Todos los indicios apuntan a que se trató de una destitución preventiva: Sánchez soltó lastre ante el temor de lo que pudiera aparecer en el futuro. Y la prueba es que lo quitó a la vez del Gobierno y del PSOE, para que no hubiera contaminación posible cuando estallara la bomba. Eso sí, le dejó con el escaño y el aforamiento, por si acaso llega a tener problemas con la Justicia.

10

LA EXTRAÑA FIGURA DE ZAPATERO

En las relaciones entre los gobiernos de Pedro Sánchez y Nicolás Maduro siempre hay un nombre que sale a colación, una especie de nexo o puente: José Luis Rodríguez Zapatero. Todo el mundo se pregunta si el expresidente del Gobierno español entre 2004 y 2011 tiene algo que ver con los escándalos del Delcygate o Plus Ultra, si bien no es fácil establecer un vínculo claro.

La relación de Zapatero con el chavismo es larga y fructífera. Nada más llegar al poder, el presidente socialista dio un giro de 180 grados a la política que había seguido su antecesor, José María Aznar, con el venezolano Hugo Chávez. Una de sus primeras decisiones fue nombrar a Raúl Morodo embajador en Caracas, quien durante sus primeros meses se dedicó a preparar con mimo una visita de Chávez a España por todo lo alto.

Muchas veces se vincula a Morodo con Zapatero, pero en realidad de quien es amigo es de José Bono, ministro de Defensa en su primer Gobierno. Bono y Morodo coincidieron en el Partido Socialista Popular (PSP) de Enrique Tierno Galván y ambos mantienen una vieja amistad.

Por eso cuando Chávez visitó España en noviembre de 2004 uno de los actos centrales fue un viaje a Toledo para conocer la ciudad de la mano de Bono y del entonces presidente de Castilla-La Mancha, José María Barreda. Es ahí cuando Bono y Chávez comienzan a entablar una estrecha relación que terminaría con el escándalo de las fragatas, que más tarde abordaremos en este libro.

Aunque Zapatero coincidió con Chávez en varias oportunidades, la más célebre en la cumbre iberoamericana del «¿por qué no te callas?» del rey Juan Carlos I, en noviembre de 2007, lo cierto es que todas las fuentes consultadas apuntan a que quien llevaba directamente el asunto venezolano durante su presidencia era Bono.

Cuando Zapatero abandona la Moncloa, después de un tiempo alejado de los focos, decide retomar cierta actividad para intentar limpiar su imagen. Y es que el presidente socialista había tenido un final de mandato tumultuoso porque no supo ver la gran crisis económica que se le venía encima desde 2007.

En 2015, el Consejo Nacional Electoral (CNE) invita a Zapatero a Venezuela para que supervise en calidad de observador las elecciones legislativas del 6 de diciembre. Gracias a esa visita, el expresidente español consigue entrevistarse a solas con Maduro durante una hora en el palacio de Miraflores, la residencia oficial del mandatario venezolano. Es el primer encuentro entre ambos.

Las fuerzas de la oposición obtienen una victoria histórica en esos comicios y Zapatero ve una ocasión de oro para erigirse como mediador aprovechando su nuevo vínculo con Maduro. Es su gran oportunidad para recobrar el protagonismo perdido. Es más, Zapatero llega a fantasear con la concesión del premio Nobel de la Paz si logra que sus gestiones fructifiquen, y así se lo dice a alguno de sus allegados.

El expresidente comienza entonces a viajar de forma habitual a Caracas y, aparentemente, con el único interés de buscar una solución pacífica para el país. De hecho, Zapatero consigue sentar por primera vez en una misma mesa a Gobierno y oposición en el año 2016, aunque sin ningún resultado.

Además, Zapatero es el único líder internacional que visita en la temida cárcel de Ramo Verde al opositor Leopoldo López, a quien el Gobierno venezolano conmuta la pena por arresto domiciliario en el verano de 2017. El político socialista siempre se ha atribuido el éxito de esa excarcelación, porque se produce justo después de una nueva negociación entre Gobierno y oposición, esta vez en la embajada de España y sin cámaras, pero otras fuentes insisten en que Maduro se ve obligado a ello porque López se estaba convirtiendo en un auténtico mártir en prisión y las encuestas le daban una enorme popularidad entre los venezolanos.

La oposición va perdiendo la confianza en Zapatero, al que ven demasiado próximo al chavismo, especialmente por su estrecha relación con la vicepresidenta Delcy Rodríguez. Por eso en el año 2018, cuando se produce un nuevo intento de negociación en la República Dominicana, Zapatero queda relegado y, en su lugar, ocupan un puesto destacado los ministros de Exteriores de países como México o Chile. Tras esa cita, probablemente al ver que su papel estelar estaba declinando, el expresidente español se enfrenta con la oposición por no aceptar un pseudoacuerdo que en realidad a quien beneficiaba era a Maduro.

Ese es el fin del Zapatero mediador y el comienzo del Zapatero descaradamente chavista. Dice adiós a su Nobel de la Paz, pero se entrega a Maduro para garantizarse una interlocución privilegiada que le permita seguir manteniendo cierto protagonismo, aunque sea como conseguidor. Poco a poco, el expresidente se convierte en lo que algunos llaman un «abrepuertas», y es contactado por diversas empresas españolas, desde Air Europa hasta Telefónica, para intentar arreglar sus contenciosos en Venezuela.

Como consecuencia de esta nueva vertiente, y de sus continuos viajes a Caracas, empiezan a extenderse los rumores sobre el dinero que Zapatero podría estar haciendo en Venezuela. Y, en este sentido, fueron muy sonadas las declaraciones que en marzo de 2020 hizo la exsenadora colombiana Piedad Córdoba, partidaria de Maduro, quien aseguró que Zapatero había sido gratificado con una mina de oro. La historia de la mina, que desde entonces se convirtió en un chascarrillo entre los venezolanos, irrumpió en España en octubre de 2021 cuando Hugo «el Pollo» Carvajal aseguró ante la Audiencia Nacional que el expresidente del Gobierno efectivamente tenía ese activo, si bien lo hizo sin presentar ninguna prueba.

Un par de años antes que Piedad Córdoba, el exministro de Energía de Venezuela, Rafael Ramírez, exiliado en Italia, denunció que Zapatero actuaba de comisionista como representante de empresarios españoles que habían conseguido la explotación de un pozo petrolífero en la faja del Orinoco.

En marzo de 2019, el diario *El Mundo* vinculó directamente a Zapatero con Interbanex, una empresa propiedad de los españoles Manuel Fajardo y Carlos García, a la que Maduro había adjudicado por arte de magia la creación de una plataforma cambiaria que ofrecía a los clientes de la banca privada comprar y vender divisas a una tasa de cambio más atractiva que la del dólar paralelo, referencia de la mayoría de los precios en el país. De hecho, el Parlamento venezolano controlado por la oposición citó al presidente del Banco Central de Venezuela, Calixto Ortega, para que explicara por qué se escogió esa empresa para liderar el sistema cambiario venezolano.

Además, el político español se ha convertido en una de las cabezas destacadas del denominado Grupo de Puebla, una especie de *lobby* de la izquierda populista latinoamericana donde comparten silla personajes como Rafael Correa, Lula da Silva, José Mujica, Evo Morales o el actual presidente argentino Alberto Fernández. En ese organismo, que es una especie de continuación del extinto Foro de São Paulo, solo hay dos españoles: Zapatero e Irene Montero, que sustituyó a Pablo Iglesias tras su retirada de la política.

Respecto al Delcygate, todas las fuentes apuntan a que Zapatero vio en el Gobierno PSOE-Podemos una ocasión de oro para recobrar cierto protagonismo perdido, y que fue él quien convenció a Delcy para que viajara a España para conocer de primera mano el cambio de rumbo en las relaciones de Madrid con Caracas tras la salida de Josep Borrell del ministerio. El hecho de que Zapatero estuviera el lunes 20 de enero pululando por el mismo hotel donde iba a estar alojada ese día Rodríguez da buena muestra de su grado de implicación con esa visita.

En cuanto al escándalo Plus Ultra, consta que en octubre de 2018 Zapatero organizó una comida en la embajada española en Caracas con varios empresarios afines a Maduro, entre los cuales estaba Camilo Ibrahim, quien se presentó como propietario de Plus Ultra. Sin embargo, no hay más indicios que lleven a pensar que el expresidente haya mediado a favor de esta empresa para conseguir a velocidad de vértigo todos los permisos para volar entre Venezuela y España o que haya tenido que ver con su rescate.

11

EL CASO MORODO

Raúl Morodo Leoncio (Ferrol, 1935) es un viejo conocido en la política española. En plena Transición, fue el fundador, junto al exalcalde de Madrid Enrique Tierno Galván, del Partido Socialista Popular (PSP), formación que acabaría absorbida por el PSOE.

Como secretario general del PSP, Morodo se encargó de hilvanar los acuerdos para la integración dentro del PSOE, motivo por el cual siempre ha mantenido unas excelentes relaciones con importantes dirigentes socialistas, lo que lo ha llevado a dirigir en diferentes periodos de la democracia tres embajadas (Unesco, Portugal y Venezuela) sin haber pertenecido nunca al cuerpo diplomático. Siempre ha sido lo que en el argot se conoce como «un embajador político», es decir, elegido a dedo por el Gobierno. Una figura muy restringida y reservada solo para personas de máxima confianza.

El 2 de julio de 2004, apenas unos meses después de llegar a la Moncloa José Luis Rodríguez Zapatero, Morodo es nombrado embajador en Caracas por el Consejo de Ministros a propuesta del titular de Exteriores, Miguel Ángel Moratinos. Sin embargo, su nombramiento no obedece a una relación especial ni con Zapatero ni con Moratinos. Su valedor es José Bono, ministro de Defensa y viejo camarada del PSP.

Morodo llega a Venezuela con la misión de recomponer las relaciones con Hugo Chávez, quien había tenido no pocos conflictos con el Gobierno de José María Aznar (PP). Y lo primero que se le encarga es organizar una visita de Chávez a España para que Zapatero le pueda conocer. Esa visita se produce los días 21, 22 y 23 de noviembre de 2004. Aparte de dos encuentros con Zapatero, Bono encarga a su hombre de confianza en Caracas que le organice una reunión con el presidente venezolano. Dicho y hecho. Bono fue el único ministro español que tuvo la ocasión de verse con Chávez aparte de Moratinos... y lo hizo en la ciudad de Toledo, adonde se llevó al mandatario con la intención de agasajarlo.

Poco se sabe de la reunión que mantuvieron a solas, pero fuentes presentes en la visita a Toledo hablan de un «flechazo» entre ambos. Justo un año después se pudo ver una de las consecuencias de ese enamoramiento: Bono y Chávez firmaron en Caracas un macrocontrato para venderle a Venezuela aviones y fragatas construidos en España. Aquello, que inicialmente se explicó por parte del Gobierno como una gran noticia para los astilleros y factorías españoles, acabó rodeado de polémica y de sospechas de corrupción, como veremos más adelante.

Pero, sin duda, una de las escenas más sorprendentes de la visita de Chávez a España tuvo lugar en el palacio de El Pardo el lunes 22 de noviembre. Allí se entrevistaron esa mañana Zapatero y Chávez, y luego estaba prevista una reunión con empresarios organizada por el Consejo Superior de Cámaras de Comercio. Según relata un testigo, Morodo acudió al evento acompañado por su hijo Alejo, quien aprovechó la ocasión para repartir tarjetas de visita y ofrecerse como asesor a las empresas españolas que pudieran estar interesadas en invertir en Venezuela. La escena llamó la atención de buena parte de los presentes por lo inaudito de que un embajador acudiera con su hijo a un acto oficial y que este, perfectamente trajeado, se dedicase a hacer *networking* prometiendo «facilidades» para invertir en un país donde su padre era el representante oficial de España.

Escenas parecidas se vivieron en la embajada de España en Caracas durante el tiempo que Morodo la dirigió, si bien pronto mantuvo una agenda propia fuera de la legación, ya que consiguió hilo directo con Chávez y excelentes relaciones con todo su equipo de confianza.

Según relatan fuentes diplomáticas, Morodo era famoso en Caracas por ser un embajador muy poco común, ya que no hacía vida con los representantes de los otros países. En sus últimos meses de mandato, ni siquiera acudía a diario a la embajada, sino que despachaba casi todas las visitas en su residencia particular. Nadie sabía exactamente a qué se dedicaba, pero no podía ser nada bueno.

«Cuando Morodo ve que hay mucho negocio en juego y que se puede ganar más pasta fuera que dentro, decide dejar el cargo de embajador y seguir haciendo negocios particulares», cuenta alguien que le conoce de cerca. Eso ocurre el 31 de agosto de 2007 y, efectivamente, Morodo y su familia siguen durante años vinculados a Venezuela a pesar de no tener ya la condición de embajador.

Y poco más se sabe de él hasta que el 20 de mayo

de 2019 la Unidad de Delincuencia Económica y Fiscal de la Policía Nacional (UDEF) detiene a cuatro personas en Madrid en el marco de la Operación Nafta por orden del juez de la Audiencia Nacional Santiago Pedraz. Uno de los detenidos es Alejo Morodo, pero en realidad el juez considera a su padre el cabecilla de una trama de blanqueo de capitales y evasión fiscal, aunque decide no detenerlo debido a su avanzada edad (84 años).

Las investigaciones de Pedraz habían comenzado unos meses antes, en enero, tras la querella presentada por la Fiscalía Anticorrupción, adonde se habían dirigido las autoridades antiblanqueo de Suiza alertando de las cuantiosas cantidades de dinero recibidas por la familia Morodo. Uno de los bancos suizos donde tenían oculta su fortuna había pedido varias veces a Alejo que justificara el origen del dinero pero, como no lo hacía, le cancelaron una de las cuentas.

El escándalo fue revelado en primera instancia por los periodistas José Antonio Hernández y José María Irujo en *El País*, pero el equipo de Tribunales de *Vozpópuli*, compuesto por Alejandro Requeijo, Tono Calleja y Liliana Ochoa, se puso pronto en vanguardia aportando importantes novedades y datos sobre la trama.

El caso se sigue instruyendo en la Audiencia Nacional

cuando este libro se envía a imprenta, pero lo que ya está claro es que la Fiscalía tiene identificados un mínimo de 4,5 millones de euros que la familia Morodo recibió desde Venezuela entre los años 2008 y 2015 sin justificación alguna.

Los pagos se hacían a través de la petrolera estatal, PDVSA, y de ellos constan algunos contratos. El abogado Juan Carlos Márquez firmaba en representación de la compañía pública venezolana y, por la otra parte, estaba Alejo Morodo, unas veces como apoderado de la empresa española Aequitas Abogados y Consultores Asociados S. L. y otras a través de la empresa Furnival Barristers, con sede en Panamá.

Salvo algunos pagos directos a cuentas españolas, el *modus operandi* solía consistir en un contrato de PDVSA con una sociedad radicada en Panamá o en algunos otros países caribeños, fruto del cual se hacía una primera transferencia de dinero que luego terminaba en una cuenta en Suiza tras un segundo movimiento. Y finalmente solían producirse transferencias a cuentas personales de todos los miembros de la familia, incluido el propio Raúl Morodo. El primer contrato del que se tiene constancia está fechado el 18 de agosto de 2008 y es por un importe de 700.000 euros. Pero luego vinieron más: el segundo es del

20 de agosto de 2011 por valor de 526.880 euros, el tercero, del año 2012, es de 1,6 millones...

Alejo Morodo ha declarado ante el juez que ese dinero era percibido por diferentes labores de asesoramiento y, en concreto, por ayudar a PDVSA a crear una filial en Madrid. Sin embargo, no consta que por aquellos años la petrolera venezolana estuviera interesada en desembarcar en España y todo hace indicar que esa asesoría era ficticia.

Por su parte, Raúl Morodo, del que la Agencia Tributaria ha acreditado transferencias de un total de 335.000 euros entre junio de 2013 y diciembre de 2014 procedentes de la empresa Aequitas, propiedad de Alejo, ha justificado esos pagos alegando que con frecuencia su hijo le ingresaba dinero extra para completar su pensión como eurodiputado. «Él me solía dejar dinero, pero yo no sé de dónde venía», respondió Morodo ante las preguntas de la fiscal del caso. Sin embargo, la recurrencia de los pagos y el alto montante de los mismos, con frecuencia de 20.000 euros a final de cada mes, hacen sospechar a los investigadores que se trató de algo más que la simple ayuda a un jubilado.

Según declaró Márquez ante el juez el 19 de julio de 2019, esos contratos se firmaron por orden directa de Rafael Ramírez, que fue ministro de Petróleo de Venezuela y presidente de PDVSA entre 2004 y 2013. Sin embargo, queda todavía por esclarecer el verdadero motivo por el que se hacían esas transferencias: ¿el dinero era realmente para Morodo o su destinatario final era otra persona o partido?

El problema es que Márquez ya no existe. El domingo 21 de julio de 2019, dos días después de su primera declaración en la Audiencia Nacional y uno antes de continuar con su deposición ante el juez, el exdirectivo de PDVSA apareció ahorcado en una oficina de San Sebastián de los Reyes (Madrid). Según la investigación policial realizada en su momento, no se encontraron indicios que apuntasen a un asesinato, si bien el cuerpo presentaba algunas contusiones y manchas de sangre.

El episodio de la muerte de Márquez está rodeado de circunstancias particularmente extrañas. El viernes 19, tras comenzar a cantar ante el juez, la policía de Estados Unidos alertó a España de que Márquez se encontraba a bordo de un vuelo de Iberia que había salido de Madrid con destino a Chicago. Eso hizo pensar en un primer momento que se había fugado, pero, en realidad, Márquez nunca llegó a tomar ese avión. Cuando la policía acudió a la sede de una de sus empresas el domingo 21, se lo encontraron colgado del techo con un cinturón alrededor del cuello.

Márquez había sido detenido el jueves 18 tras llegar a Madrid procedente de Estados Unidos. Como pesaba sobre él una orden de busca y captura, fue arrestado en el propio aeropuerto y conducido al día siguiente ante el juez Pedraz, quien le tomó una primera declaración y lo dejó en libertad con cargos. En ese interrogatorio, Márquez se mostró dispuesto a colaborar con la Justicia española y apuntó directamente a Rafael Ramírez como la persona que le ordenó contratar a Alejo Morodo, por lo que fue citado el lunes 22 para continuar con su declaración.

El cuerpo de Márquez apareció en la oficina de la consultora Alcander, una empresa que compartía con su socio Carlos Prada y que desde julio de 2009 se dedicó a invertir fuertes sumas de dinero en la compra de bienes inmuebles en España. Según los cálculos de la Fiscalía Anticorrupción, esa firma habría gastado 16,7 millones de euros entre 2009 y 2018 en pisos, plazas de garaje y locales comerciales. Curiosamente, y a pesar del enorme patrimonio que ambos acumulan en España, la Agencia Tributaria ha certificado que Márquez apenas ingresó 141.093 euros entre 2017 y 2021 y que, en el mismo periodo, Prada no declaró ingreso alguno.

Tanto Márquez como Prada fueron imputados por Pedraz por presuntos delitos de blanqueo de capitales, corrupción en las transacciones comerciales internacionales, falsedad documental y contra la Hacienda pública. Y también sus esposas, Ana Korina Ulloa y Marisol Valera, así como el exembajador Raúl Morodo, su mujer, Cristina Cañeque, su hijo Alejo Morodo y la esposa de este último, Ana Varandas.

Fuentes judiciales destacan que la investigación del caso Morodo será larga, pero ya están plenamente documentados al menos 4,5 millones cobrados por la familia del exembajador, «carentes de toda justificación real y lógica comercial», aunque se sospecha que la cantidad real podría ser mucho mayor. Además, se tiene cuantiosa información de cómo la familia realizó numerosas transferencias desde 2017 para intentar borrar la pista del dinero e incluso se han detectado dos donaciones entre la familia en julio de ese año: de Cañeque a su hija y de Alejo a su esposa.

Una de las cuestiones que más llaman la atención de este escándalo es que Cristina Cañeque, la mujer de Raúl Morodo, figure como administradora de diversas sociedades con activos de cinco millones de euros y disponga de tres cuentas en Suiza con 6,4 millones de euros a pesar de no haber realizado actividad laboral alguna a lo largo de su vida.

Y otro de los asuntos que salió a la luz a raíz de destaparse este caso fue que el 22 de junio de 2017 la policía española encontró en un domicilio de Nervis Villalobos, exministro de Energía de Venezuela, varios contratos de PDVSA y, entre ellos, algunos con dos sociedades de Alejo Morodo y otros con una de las sociedades mercantiles de Juan Carlos Márquez.

A la espera de lo que determine la Justicia española sobre este asunto, lo que sí está plenamente confirmado es que PDVSA ha sido históricamente el instrumento utilizado por el chavismo para sacar dinero del país y desviarlo a paraísos fiscales, ya sea para disfrute de los jerarcas del régimen o para pagar favores a terceros. De hecho, hay varias causas judiciales abiertas para investigar el saqueo de la petrolera durante las dos últimas décadas y que algunas fuentes cifran en miles de millones de euros que han terminado fundamentalmente en cuentas bancarias de Suiza y Andorra.

Pero, aparte de los pagos de PDVSA, la investigación del caso Morodo ha acreditado también transferencias por parte de la multinacional Indra a la empresa Morodo Abogados y Asociados, de la que Alejo posee el 80 % y su padre, el 20 % restante, entre junio de 2008 y marzo de 2015. En concreto se trata de un monto acumulado de

381.000 euros y los inspectores sostienen que se pagó por «un servicio de intermediación basado únicamente en relaciones personales» debido a los «contactos a alto nivel político» que tenía su padre como exembajador. De hecho, buena parte de los servicios prestados a Indra fueron en Portugal, donde Raúl Morodo fue embajador antes de Venezuela.

En el caso de los pagos de Indra Sistemas, la Agencia Tributaria entiende que existe un delito fiscal debido a que la creación de la sociedad Morodo Abogados tuvo como única finalidad pagar menos impuestos por unos servicios profesionales que eran de carácter personal. No obstante, los inspectores aseguran en su informe que «se desconoce cuáles han sido los servicios concretos prestados a Indra», ya que solo han podido recabar el contrato y las facturas, pero no existe ningún documento que especifique en qué consistió el servicio prestado.

12

LAS FRAGATAS DE JOSÉ BONO

En las turbias relaciones entre los diferentes gobiernos españoles y Venezuela hay un episodio especialmente paradigmático. Como consecuencia de la visita de Chávez a España en 2004, y de la particular amistad trenzada con José Bono, ministro de Defensa de la época, Venezuela acaba firmando con España un histórico contrato que incluía doce aviones militares y ocho fragatas por un montante total de 1.700 millones de euros.

La operación, que fue celebrada por casi todo el mundo en España porque iba a dar trabajo a los astilleros y fábricas durante siete años, provocó que inmediatamente saltaran las alarmas en Washington, donde ya tenían bajo sospecha al régimen de Chávez. Estados Unidos protestó porque España pretendía vender a Venezuela unos aparatos que tenían instalado un *software* estadounidense que no admitía ser revendido.

Bono se tomó a guasa el malestar norteamericano, pero al final se vio obligado a recular y del contrato final se tuvieron que caer los doce aviones porque sin la licencia de exportación correspondiente no se podían vender a Venezuela. En el caso de las ocho fragatas (cuatro buques de vigilancia y cuatro patrulleras), hubo que cambiar algunos componentes para evitar que se estuviera transfiriendo tecnología estadounidense al régimen chavista.

Finalmente, el contrato quedó establecido en 1.207 millones de euros. Sin embargo, cuando la fiscal general de Venezuela Luisa Ortega huyó del país en 2017, esta entregó a la CIA y a la Interpol un documento que confirmaba las peores sospechas: Caracas pagó en realidad 1.249 millones por esa operación. ¿Y por qué había un desfase de 42 millones? Porque hubo que pagar una comisión a la empresa Rebazve Holding.

Como consecuencia de ello, los tribunales españoles empezaron a investigar la operación, porque si se trataba de un acuerdo entre dos países, como así parecía, no debía haber ningún intermediario que se llevase una comisión. Rebazve recibió el dinero en una cuenta en Suiza y lo repartió entre varias personas, entre ellas Javier Salas, expresidente del Instituto Nacional de Industria (INI) entre 1990 y 1995, y Antonio Rodríguez-Andín, que había sido presidente de la naviera española Transatlántica.

En un primer momento, el juez imputó por varios delitos económicos tanto a Salas y Rodríguez-Andín como al presidente de Navantia, Juan Pedro Gómez Jaén. Sin embargo, después de varios años investigando el caso, se decidió archivarlo con el argumento de que la comisión pagada no salió de las arcas españolas.

En el auto de sobreseimiento, que tiene fecha del 12 de enero de 2021, se acredita como hecho probado que se pagó una comisión de 42 millones de euros, de la que al menos 12 se los llevaron Salas y Rodríguez-Andín. El resto fue a parar a diversos ciudadanos venezolanos y, tras seguir la pista del dinero por varios países, no se pudo determinar el destino final. Apenas unos meses después de firmarse el contrato con Navantia, Rebazve abrió una filial en España, dirigida por dos venezolanos: Juan Rafael Carvallo y Pedro Enrique Malave.

A pesar de las evidencias de que hubo una comisión ilegal, la Justicia determinó que no había quebranto de las arcas públicas españolas, por lo que procedió a archivar el caso. Tampoco castigó a los dos ciudadanos españoles por haber ocultado al fisco las mordidas cobradas en Suiza con el argumento de que Hacienda no consideró necesario abrir ningún expediente en su momento.

Pero, curiosamente, el escándalo no acaba aquí. Navantia cumplió su parte del contrato y terminó de entregar los buques en 2012. Sin embargo, Venezuela estuvo durante años sin devolverle el aval que la empresa pública española había depositado en Caracas como garantía de que se iban a construir los barcos. La situación económica cada vez más deteriorada en Venezuela acabó por hacer de ese aval un dinero apetitoso para que el régimen chavista dispusiera de él a su antojo. Navantia se vio obligada a provisionar en sus cuentas ese aval, que finalmente acabó cobrando en su totalidad a finales de 2019.

Este escándalo de las fragatas fue uno de los asuntos que Hugo «el Pollo» Carvajal, exjefe del servicio secreto militar de Venezuela, dijo conocer ante la Audiencia Nacional para evitar su extradición a Estados Unidos en octubre de 2021, aunque sin aportar pruebas al respecto. Y en ese sentido llegó a citar a los exministros españoles Miguel Ángel Moratinos y José Bono como supuestos destinatarios de las presuntas corruptelas.

Además, en los últimos años ha habido otro supuesto escándalo de corrupción en Venezuela relacionado con empresas españolas. Se trata de un contrato que Hugo Chávez firmó en 2008 con un consorcio español en el que participaron las empresas CAF, Cobra, Constructora Hispánica y Dimetronic para remodelar la línea 1 del metro de Caracas.

El contrato, valorado en 1.460 millones de euros, fue adjudicado a dedo por Chávez usando un decreto de emergencia para esquivar la tradicional licitación pública. En el año 2020, un grupo de políticos de la oposición venezolana presentó una denuncia ante la Fiscalía del país por los indicios de delito, pero no consta que haya habido avances.

13

LOS LAZOS CHAVISTAS DE PODEMOS

Los vínculos del partido español Podemos con el chavismo vienen de lejos. En diciembre de 1998 Hugo Chávez se había alzado con la victoria en las elecciones presidenciales de Venezuela y, nada más tomar posesión del cargo, se dispuso a cambiar por completo la Constitución del país. Para esa tarea se rodeó de diversos expertos en Derecho Constitucional, entre los que destacaba el profesor español Roberto Viciano, catedrático en la Universidad de Valencia.

Viciano había montado en España en el año 1993 la fundación Centro de Estudios Políticos y Sociales (CEPS), con el objetivo de asesorar a los movimientos revolucionarios de izquierda surgidos en Latinoamérica. Cuando Chávez gana los comicios, Viciano es ya un viejo conocido en Venezuela, Ecuador o Bolivia, países donde solía pasar varios meses al año. Poco a poco, Viciano va entablando relación con el chavismo, hasta el punto de que la fundación CEPS acaba suscribiendo numerosos convenios con el Gobierno de Chávez que le reportan entre 2003 y 2011 un total de 7,2 millones de euros, principalmente por labores de asesoramiento político.

En 2004, cuando el presidente José Luis Rodríguez Zapatero invita a Chávez a visitar España, Viciano convence al mandatario venezolano para que acuda a dar una clase magistral a la Facultad de Ciencias Políticas y Sociología de la Universidad Complutense de Madrid (UCM) con el argumento de que allí hay varios profesores que están estudiando en profundidad su figura. Chávez accede a celebrar un acto universitario y el rector de la UCM por aquel entonces, Carlos Berzosa, le corresponde otorgándole la medalla de la entidad, no sin cierta polémica.

El 22 de noviembre de 2004, Chávez llega al campus de Somosaguas, situado en la localidad madrileña de Pozuelo de Alarcón, rodeado de varios miembros de su guardia nacional. La expectación es máxima y en la facultad de Políticas se han congregado varios cientos de estudiantes. Chávez se abre paso con dificultad y accede al aula magna, donde el rector le impone la medalla de la UCM y, a continuación, pronuncia una conferencia que contiene durísimas críticas a Estados Unidos y al expresidente español José María Aznar, a quienes Chávez acusa de organizarle un fallido golpe de Estado en 2002. Son tantos los estudiantes que acuden a escucharle que varias decenas se quedan fuera de la sala y se tienen que conformar con seguir el discurso desde el exterior a través de monitores de televisión.

Cuando acaba el acto académico, Chávez pasa a una sala más pequeña en donde mantiene un encuentro con algunos docentes. Entre ellos se encuentra Juan Carlos Monedero, un profesor que en los años anteriores se ha hecho célebre liderando algunas protestas contra la guerra de Irak y que está fascinado por la República Democrática Alemana (RDA), a cuya caída dedicó su tesis doctoral.

Monedero cae rendido ante Chávez y lo colma de elogios en aquella reunión, hasta el punto de que el profesor madrileño ya no se separa de él durante el resto de su visita a la UCM, como atestiguan las fotos del momento. La televisión pública venezolana graba ese día varias entrevistas en el campus y en una de ellas se ve a Monedero completamente encantado con el mandatario latinoamericano.

El flechazo entre Monedero y Chávez fue mutuo, pues al líder venezolano le interesó sobremanera que un grupo de profesores españoles estuvieran estudiando su actuación política. Como Chávez pretendía hacer historia, le divertía la posibilidad de que alguien teorizara a fondo sobre su movimiento revolucionario. De ahí que los invitase a visitar su país para conocer más de cerca la realidad del chavismo.

A los pocos meses de encontrarse en la Complutense, Monedero aterriza en Caracas, donde se convierte en asesor del presidente desde el año 2005. La figura de Monedero va ganando cada vez más peso en el país, hasta el punto de que el propio Chávez se refiere a él en varias de sus alocuciones televisadas.

Monedero cobra en esos años ingentes cantidades de dinero como asesor, pero hay un pago que se hace particularmente famoso en los medios de comunicación porque supone una infracción fiscal flagrante. El 31 de octubre de 2013, el profesor madrileño emite una factura por importe de 425.000 euros por la elaboración de un informe sobre la viabilidad de una hipotética moneda común latinoamericana, pero la factura está a nombre de una empresa creada por él mismo ocho días antes. Semejante treta solo tenía como objetivo pagar menos impuestos en España por ese cobro, pero con el añadido de que, según la normativa, para que todo fuese legal la empresa debía haberse constituido antes de la elaboración del trabajo. Monedero se vio obligado a hacer una declaración complementaria de IRPF para regularizar su situación con Hacienda. Y, por cierto, el supuesto informe que justificó el pago jamás ha sido visto.

El profesor aprovecha su amistad con Viciano para colocar en el consejo ejecutivo de CEPS a algunos de sus amigos de la Complutense, como Pablo Iglesias o Íñigo Errejón, y es así como ellos también acaban interesándose por Venezuela. Al cabo de los años, todos terminan montando un partido político: Podemos.

Siempre se ha especulado con la posibilidad de que el chavismo haya financiado irregularmente a Podemos, pero lo único que se ha podido probar hasta ahora es que Chávez sí apoyó cuanto pudo a algunos de los líderes del partido y a CEPS, embrión de Podemos, si bien esa fundación solo reconoció pagos por valor de 3,9 millones de euros, mientras que en Venezuela se emitieron facturas por 7,2 millones.

De momento no consta nada más, pero siempre ha existido una permanente sombra de sospecha. De hecho, el 22 de junio de 2017, en el transcurso de un registro policial del domicilio en Madrid de Nervis Villalobos, ministro de Energía con Chávez entre 2004 y 2006, se encontró un extenso dosier sobre Podemos con información detallada de 78 personas del partido, entre ellas Pablo Iglesias, Juan Carlos Monedero, Íñigo Errejón y Jorge Verstrynge.

Asimismo, en octubre de 2021, Hugo «el Pollo» Carvajal, exjefe de la inteligencia militar venezolana, desveló ante la Audiencia Nacional que poseía información sensible que demostraba cómo el régimen chavista había financiado a Podemos. Requerido por el juez para documentar el asunto, Carvajal entregó una carta en la que, en primera persona, relataba el *modus operandi* según el cual Caracas enviaba por valija diplomática cuantiosas cantidades de dinero que Monedero recogía en Madrid. Carvajal le dijo al juez que contaba con testigos de estas operaciones y que están dispuestos a declarar si son citados en sede judicial. Sin embargo, los investigadores sospecharon desde el principio que se trataba más bien de una estrategia de Carvajal para intentar evitar su extradición a Estados Unidos.

Cuando nace Podemos y empieza a escribirse en los medios sobre sus vínculos venezolanos, Monedero y sus fieles se alejan progresivamente de Caracas y deciden disolver CEPS en el año 2016. Sin embargo, antes de ello montan un instrumento parecido en 2014, el Centro Estratégico Latinoamericano de Geopolítica (Celag), en cuyo seno vuelven a estar Monedero y Errejón, entre otros.

El impulsor del Celag es Alfredo Serrano, un economista gaditano que en los últimos tiempos ha sustituido a Monedero como asesor de confianza del presidente Nicolás Maduro, hasta el punto de que suele acompañarle en sus viajes internacionales. Según algunas fuentes, Serrano «pone y quita ministros». Además, se ha hecho muy amigo de Zapatero y fue la persona que medió para que el periodista Jordi Évole pudiese entrevistar al presidente venezolano en su programa *Salvados*.

Además de sus vínculos con Caracas, Serrano ha trenzado una muy buena relación con el kirchnerismo en Argentina, donde asesora al Gobierno de Alberto Fernández. Precisamente, otra de las cuestiones pendientes es aclarar la verdadera relación entre el kirchnerismo y Podemos, y ahí la figura más destacada es Pablo Gentili, un *bon vivant* argentino que hizo fortuna asesorando a Lula da Silva y Dilma Rousseff y que acabó como jefe de gabinete de Pablo Iglesias una vez que Jair Bolsonaro se alzó con la victoria en Brasil. Gentili es amigo de Monedero y, según fuentes de Podemos, a ambos les une la consultora Neurona, una empresa que ha trabajado para los movimientos populistas de México, Ecuador, Argentina y Bolivia. En este último país se han investigado diversos contratos a dedo del Gobierno de Evo Morales con dicha consultora por valor de un millón de euros. Además, Monedero está siendo procesado en España por un ingreso de 26.200 euros procedentes de esa empresa, ya que para justificar el pago elaboró una factura después de que el banco le pidiera explicaciones por el origen del dinero.

El caso Neurona, destapado por el periodista Luca Costantini durante mi etapa en *Vozpópuli*, se investiga también en España porque Podemos contrató a esta consultora en las elecciones de abril de 2019 por un montante de 363.000 euros y sin que hayan quedado claras cuáles fueron sus verdaderas labores de asesoramiento. Según denunciaron en su momento los exabogados del partido, ese contrato fue simulado y sirvió para desviar dinero al extranjero. En concreto, buena parte de esa suma acabó al final en la empresa Creative Advice Interactive, una sociedad instrumental que carece de trabajadores y que está radicada en una infravivienda de la localidad mexicana de Guadalajara. En el momento de enviar a imprenta este libro, el asunto sigue analizándose en el Juzgado de Instrucción número 42 de Madrid y permanecen imputadas tres personas clave: Juanma del Olmo, jefe de la campaña electoral en 2019 y director de Comunicación de Podemos; Daniel de Frutos, tesorero del partido; y Rocío Val, gerente de la formación morada.

Por su parte, Gentili se volvió en 2020 a Argentina para formar parte del Gobierno de Fernández, pero la aventura acabó pronto y ahora es uno de los responsables de la Escuela de Estudios Latinoamericanos y Globales (Elag), una especie de *think tank* donde imparten cursos, entre otros, la ministra española de Igualdad, Irene Montero, el exjuez Baltasar Garzón o la mano derecha de Ada Colau, Gerardo Pisarello.

14

EL PAPEL DECISIVO
DE HUGO CARVAJAL

A mediados de mayo de 2020, me llega por dos fuentes diferentes la misma información: Hugo Carvajal, más conocido como «el Pollo», se encuentra escondido en Madrid y el Gobierno de Pedro Sánchez lo sabe, pero prefiere mirar para otro lado a pesar de que Estados Unidos tiene cursada una petición de extradición por un delito de narcotráfico contra el exresponsable de los servicios secretos militares de Venezuela.

Acto seguido, comparto la información con los dos periodistas que en *Vozpópuli* más sabían de temas de Interior: Tono Calleja y Alejandro Requeijo. A ambos les suena verosímil la información, así que nos ponemos a investigar.

El Pollo Carvajal es popularmente conocido en Venezuela como el guardián de los secretos del chavismo. Militar de carrera, fue entre 2004 y 2014 el director general de Contrainteligencia del Gobierno venezolano. Como consecuencia de su relevo de ese cargo, Carvajal fue distanciándose progresivamente de Nicolás Maduro, hasta que el 21 de febrero de 2019 decidió dar un paso adelante y reconocer a Juan Guaidó como presidente a la vez que denunciaba las condiciones de miseria que reinaban en el país.

Carvajal consiguió salir del país y acabó entrando en España procedente de la República Dominicana el 18 de marzo. Lo hizo con un pasaporte falso a nombre de José Mouriño y con el beneplácito del Centro Nacional de Inteligencia (CNI). Unos días después, la policía española lo detuvo en Madrid en virtud de una petición de Estados Unidos, que lo perseguía desde hacía años por haber creado un plan para introducir droga en el país con el objetivo de desestabilizarlo.

La Audiencia Nacional comenzó a tramitar su extradición pero, en una decisión sorprendente, decidió dejarlo en libertad condicional, lo que aprovechó el Pollo para fugarse. Unas semanas después, y ante las sospechas de que siguiera en España, la policía solicitó autorización a los jueces para pinchar el teléfono de su mujer, pero fue denegada.

En mayo de 2020, Calleja y Requeijo estuvieron haciendo guardia discretamente en la puerta de la urbanización de Madrid donde nuestras fuentes nos habían indicado que podía estar Carvajal. Camuflados dentro de un vehículo, fueron haciendo fotos de todo el que pasaba para luego cotejarlas con imágenes antiguas. Era de prever que el Pollo se hubiera hecho algún tipo de operación de cirugía estética y que no fuera fácil reconocerle a simple vista.

Uno de los días, conseguimos hacer una foto de un hombre calvo de la misma edad que Carvajal. Estuvimos examinando el retrato minuciosamente y, aunque es verdad que guardaba cierto parecido, llegamos a la conclusión de que no era él. Después de tres días de guardia, decidimos levantar el operativo (un periódico pequeño como el nuestro no se podía permitir tener a dos redactores sin escribir durante demasiado tiempo) y nos consolamos repitiéndonos que quizá nuestras fuentes estuvieran desencaminadas. E incluso hicimos bromas sobre los 10 millones de dólares que acabábamos de perder, pues era la recompensa que Estados Unidos ofrecía a quien localizase al prófugo.

Estas cosas suceden a menudo en el periodismo, pero

pocas veces se cuentan. Como periodistas, estamos obligados a investigar todo tipo de informaciones que suenen verosímiles y que puedan llevar aparejada una posible noticia. El problema es que luego, cuando empiezas a rascar, son muy pocas las ocasiones en las que encuentras petróleo. Unas veces porque la información de partida es falsa y otras porque no somos capaces de confirmar los hechos, lo cierto es que, lamentablemente, nueve de cada diez soplos que llegan a una redacción se quedan en nada.

Sin embargo, recuerdo haber comentado aquellos días que todo apuntaba a que el Gobierno, que había facilitado la llegada al país de Carvajal, estaba ahora mirando para otro lado o al menos no estaba poniendo mucho interés en buscarle. Además, teniendo en cuenta las pésimas relaciones entre Sánchez y la Administración de Donald Trump, es evidente que no había muchas ganas de colaborar con la Justicia estadounidense.

Y lo sorprendente del asunto es que tuvo que ser la DEA, la agencia antidroga de Estados Unidos, la que informase a la policía española sobre el paradero de Carvajal en 2021. Lo hizo en dos ocasiones: el 17 de junio y a comienzos de septiembre. En la primera ocasión, la Embajada de Estados Unidos en Madrid envió un escrito a la Unidad de Droga y Crimen Organizado (Udyco) informando de que Carvajal se encontraba viviendo en el barrio de Arturo Soria junto a una ciudadana venezolana, de la que se aportaba el nombre completo, el teléfono y datos sobre su vehículo. Pese a recibir datos tan concretos por parte de Estados Unidos, España fue incapaz de detener a Carvajal en todo el verano, hasta que en una segunda ocasión la DEA especificó exactamente la dirección en la que se encontraba oculto.

Poco se sabe acerca de cómo la DEA, se supone que con menos efectivos sobre el terreno que España, fue capaz de localizar al Pollo. Lo único que ha trascendido es que su ubicación exacta se obtuvo gracias a un mensaje que Carvajal escribió en Twitter el 2 de septiembre. «Los falsos positivos de Álvaro Uribe me van dando la razón», escribió a las 02.35 de la madrugada. Era su primer mensaje en esa red social desde el 24 de mayo, y fue un gran error. La policía pidió a Twitter la geolocalización del mensaje y gracias a ello se pudo establecer con exactitud el edificio en el que se alojaba.

Los hechos demuestran que el Gobierno español no tuvo demasiado interés en localizar al prófugo, ni antes de ser ubicado por Estados Unidos ni después, pero la segunda comunicación de la DEA fue tan completa que no había otra alternativa. Además, y según indican fuentes gubernamentales, Sánchez ha querido usar esta detención como prueba de buena voluntad en sus relaciones con la Casa Blanca, para demostrarle al nuevo inquilino, Joe Biden, que es un socio fiable. Este gesto y la manera en que se volcó España con la crisis de los refugiados de Afganistán en agosto de 2021, han permitido a Sánchez recomponer en parte el vínculo con Washington después de unos meses de auténtico desdén: sin llamadas de Biden y con aquel humillante paseíllo en una cumbre de la OTAN en Bruselas.

Pero la prueba de fuego para Sánchez llegará con la extradición de Carvajal a Estados Unidos. Sus abogados la van a intentar evitar por todos los medios, y para ello alegarán en primer lugar que es un perseguido político. De igual forma, intentarán forzar que se abra algún tipo de causa judicial en España para paralizar el proceso de extradición. En este sentido hay que interpretar los amagos que Carvajal está haciendo sobre supuesta información que estaría en su poder y que comprometería a Podemos, por una supuesta financiación irregular desde Venezuela, o al exembajador español en Caracas Raúl Morodo, imputado por pagos desde la petrolera del país.

Sin embargo, fuentes judiciales desconfían de Carvajal y creen que se trata de una estrategia para ganar tiempo, amenazando con tirar de la manta para que los jueces se vean obligados a investigar los hechos denunciados antes de proceder a su extradición.

Aparte de todo ello, conviene recordar que el Pollo tenía una muy buena relación con el que fue jefe de los servicios secretos españoles entre 2009 y 2019, Félix Sanz Roldán. Además, contó con ayuda del CNI para entrar en España, por lo que sería un tanto extraño que ahora se le enviara a Estados Unidos sin oponer resistencia.

Uno de los asuntos sobre los que Carvajal también ha ofrecido su colaboración a la Justicia española tiene que ver con el exjuez Baltasar Garzón. Según publicó en primicia *The Objective*, la web que ahora dirijo, el pasado 28 de septiembre, la petrolera venezolana PDVSA acordó en 2016 pagar 8,8 millones de euros al bufete Ilocad, del que Garzón es administrador único.

Según el documento al que tuvo acceso el periodista Francisco Mercado, PDVSA ordenó contratar a Ilocad por diversos motivos, entre ellos la «coordinación con la Fiscalía y los Tribunales en España». Teniendo en cuenta que la pareja de Garzón es Dolores Delgado, fiscal general del Estado, el encargo parece la invitación a incurrir en un delito: el tráfico de influencias.

No obstante, Garzón ha negado que haya sido contratado directamente por PDVSA, aunque sí admite que lleva la defensa de sus intereses en España por encargo del bufete estadounidense Squire Patton Boggs. Esa versión casa mal con otro documento publicado por *The Objective*: un acta notarial de 2017 donde el presidente de PDVSA otorga poderes a tres abogados vinculados a Ilocad.

Además, la orden con la que PDVSA autorizó a contratar a Ilocad incluye un inquietante párrafo: «Despacho Ilocad, perteneciente al prestigioso abogado Baltasar Garzón, con el cual el Gobierno Bolivariano de Venezuela y/o colaboradores cercanos a este han mantenido y mantienen relaciones contractuales, todas ellas con resultados positivos a la fecha».

¿Trabaja Garzón frecuentemente para el chavismo? En principio, y a excepción de esa orden de contratación, no consta ningún servicio suyo más allá de ejercer la defensa en Cabo Verde de Alex Saab, el supuesto testaferro de Nicolás Maduro y extraditado finalmente a Estados Unidos tras un largo proceso.

El despacho Ilocad ejerce la defensa de los intereses de PDVSA en el caso que se investiga en el Juzgado de Instrucción número 3 de la Audiencia Nacional en relación al presunto saqueo de la petrolera venezolana. Desde el año 2007 el Juzgado 41 de Madrid venía investigando a numerosos altos cargos del régimen chavista, tanto de la época de Hugo Chávez como de Nicolás Maduro, por supuestamente haber desviado ingentes cantidades de dinero y haberlas blanqueado en España mediante la compra de propiedades inmobiliarias y fincas rústicas.

El caso levantó especial polvareda en Venezuela, pues el juez decidió imputar a destacados dirigentes como Delcy Rodríguez, su hermano Jorge, Nervis Villalobos o el famoso empresario Roberto Rincón. Sin embargo, en junio de 2019 el caso dio un giro importante: la Audiencia Nacional arrebató la instrucción al Juzgado 41 de Madrid al entender que era el organismo competente... y la investigación ha pasado a dormir el sueño de los justos.

Una de las razones del atasco judicial del denominado caso PDVSA es que el propio bufete Ilocad se resiste a entregar los contratos de la petrolera que le requieren los investigadores. De hecho, algunos de los imputados dudan de la legitimidad de PDVSA para estar personada en la causa, en la que también intentó estar como parte el propio Gobierno venezolano.

EPÍLOGO

Resulta especialmente inquietante que dos de los principales escándalos en los que se ha visto envuelto el Gobierno de Pedro Sánchez en sus primeros tres años tengan que ver con Venezuela. Antes de la llegada del político madrileño al Palacio de la Moncloa, ese país llevaba ya varios años protagonizando buena parte de la actualidad política española, pero no precisamente por sus vínculos con el Partido Socialista, sino por su relación pasada con Podemos, la otra formación que integra el Ejecutivo de Sánchez. Sin embargo, el Delcygate y el Plus Ultra han puesto de manifiesto que la conexión Caracas-Moncloa está mucho más viva de lo que algunos imaginaban.

Es verdad que esos dos asuntos han tenido hasta ahora un impacto limitado en la opinión pública española, pero todavía es pronto para darlos por amortizados. Ha pasado muy poco tiempo y, aunque la Justicia haya dado carpetazo al primero y esté a punto de dárselo al segundo, lo cierto es que todos los hechos relatados en este libro dejan la extraña sensación de que algo verdaderamente turbio acabará aflorando antes o después.

Como director del equipo de periodistas que destaparon ambos casos, tengo la convicción de que nuestro trabajo apenas ha permitido sacar a la luz el 5 % de un gigantesco iceberg. Y, dado que los tribunales no parecen muy duchos a la hora de profundizar en ello, tendrá que ser la prensa la que se dedique a investigar en los próximos años todo lo que ha pasado.

Ese y no otro ha sido el propósito de este libro: poner en valor el trabajo abnegado de decenas de periodistas que, frente a todo tipo de dificultades, consiguen colocar encima de la mesa escándalos desconocidos hasta ese momento.

Hay múltiples maneras de ejercer el periodismo, por supuesto, pero una de las más nobles es dedicar el tiempo a desvelar a tus conciudadanos cosas que no saben. Es ahí donde esta profesión se convierte en verdaderamente útil para la sociedad. Y el problema es que cada día es más complicado ejercer esa tarea debido a la precariedad, la falta de independencia de los medios y las terribles presiones por parte de los poderosos.

AGRADECIMIENTOS

A Vanessa, Luca y Luna.

A mis padres y a mis «cinco» hermanos.

A Venezuela, por todo lo que me ha dado.

A Richard, por ser mi fan número uno.

A Anabel, por dejarme su casa para rematar este libro.

A Isabel, por aquella fiesta en la calle de Alcalá.

Al equipo de *Vozpópuli*, por su extraordinario trabajo.

A Gonzalo Eltesch, por su visión y paciencia.

A mis maestros, especialmente Paco Buj, Antonio Santamarina y Miguel Villarejo.

A mi ángel de la guarda, Hernando F. Calleja.

A mis directores, Juan Pablo de Villanueva, Fernando Rayón, Jesús Rivasés y Antonio Caño.

A Jesús Cacho, por tantas cosas. Tuvimos un desencuentro que provocó mi salida voluntaria de *Vozpópuli*, pero le sigo considerando un referente. Ojalá pronto recuperemos nuestra relación.

A Paula Quinteros, por su extraordinaria valentía, generosidad y audacia.

A los compañeros que se han sumado a *The Objective*, especialmente a Antonio, que lleva media vida conmigo; a Luca, que lo vio claro desde el principio; y a Laura y María, que cuando les pregunté si se vendrían me dijeron preciosas palabras que jamás podré olvidar.

A Lupe Sánchez, por su amistad, lealtad e insobornable libertad.

A la Cadena COPE y, en especial, a Carlos Herrera, por confiar ciegamente en mí.

A todos los periodistas enormes con los que he tenido la fortuna de trabajar a lo largo de mi vida y de los que he aprendido tanto.

A mis amigos, especialmente a Carlos Pecker.

A Rocío Sacristán, por cambiarme la vida, y ella sabe por qué.

A Félix Puebla, por estar siempre ahí echando una mano.

A Juan Fernández Miranda y Karina Sainz Borgo, por animarme a escribir este libro.

A mis alumnos de la Complutense, por darme un chute de energía todas las mañanas.

A la Universidad Europea y a Miguel Carmelo, por su apoyo incondicional.

A los lectores, que me dan ánimos por Twitter, email o cuando me reconocen por la calle.

A Antonio Herrero y José María García, mis referentes de juventud en aquella maravillosa Antena 3 de radio que montó Manuel Martín Ferrand.

A ti, por leer este libro.